谨以此书献给我亲爱的父母，
感谢你们给予我的一切！

STUDY SMART 新加坡
高效学习法

精简学习生活

[新加坡]张郁之/著·绘　廖　丽/译

天地出版社　TIANDI PRESS

图书在版编目（CIP）数据

精简学习生活/(新加坡)张郁之著绘；廖丽译. —
成都：天地出版社，2024.4
（高效学习法）
ISBN 978-7-5455-7963-5

Ⅰ.①精… Ⅱ.①张…②廖… Ⅲ.①学习方法—青少年读物 Ⅳ.①G791-49

中国国家版本馆CIP数据核字（2023）第195248号

First published in Singapore by Armour Publishing.
The simplified Chinese translation rights arranged through Rightol Media
(本中文简体版权经由锐拓传媒旗下小锐取得Email:copyright@rightol.com)

著作权登记号　图进字：21-2017-470

JINGJIAN XUEXI SHENGHUO
精简学习生活

出品人	杨政	责任校对	卢霞
总策划	陈德	美术设计	霍笛文
著绘者	[新加坡]张郁之	排版制作	书情文化
译者	廖丽	营销编辑	魏武
策划编辑	李婷婷	责任印制	刘元　葛红梅
责任编辑	罗艳		

出版发行　天地出版社
　　　　　（成都市锦江区三色路238号　邮政编码:610023）
　　　　　（北京市方庄芳群园3区3号　邮政编码:100078）
网　　址　http://www.tiandiph.com
电子邮箱　tianditg@163.com
总 经 销　新华文轩出版传媒股份有限公司

印　　刷　北京文昌阁彩色印刷有限责任公司
版　　次　2024年4月第1版
印　　次　2024年4月第1次印刷
开　　本　889mm×1194mm 1/32
印　　张　18.25
字　　数　370千字
定　　价　100.00元（全4册）
书　　号　ISBN 978-7-5455-7963-5

版权所有◆违者必究
咨询电话：（028）86361282（总编室）
购书热线：（010）67693207（市场部）

如有印装错误，请与本社联系调换。

目 录

001 前 言

005 导 读

009 第一章
用对方法，简化学习

035 第二章
整理物品，优化环境

055 第三章
管理时间，提高效率

067 第四章
放松身心，健康生活

083 第五章
休闲娱乐，简单为宜

093 第六章
人际关系，用心经营

113 第七章
掌握窍门，管理财务

129 第八章
简化目标，管好自己

145
后 记

148
参考书目

150
索 引

152
致 谢

前言

当收到为这本书写前言的邀请时,我一度犹豫不决。即使答应了以后,我仍不太确定自己是否真的想写。直到拿到手稿,我才下定决心立马动笔,以便将这件"麻烦事"从我的任务清单中删掉。这绝对不是一个"30秒原则"(详见第64页)的任务!我是一个不愿意拖延的人,一旦拖延,就会背上沉重的思想包袱,并使我的其他工作大受影响。于是我开始读这本书——带着点儿不情愿读了10分钟以后,我发现这竟是一次很好的阅读体验。

这是一本写得很精彩、很有意思的书。我原本打算读几章,大概了解一下内容,足够写前言就行,但它可读性很强,我越读越觉得有趣,情不自禁读完了整本书。

这本书是专门为那些没有时间和耐心去钻研厚重的书的青少年写的。其中一大亮点是,郁之亲手为这本书绘了插图,这些可爱的图画使整本书生动了起来。并且,书中的每一章都会恰当结合有趣的小故事来激发读者的阅读兴趣。很多章节都是以解答一个基本问题来切入内容的，例如，我们为什么需要简化？是为了进行时间管理，或是帮助青少年优化学习方法。郁之在书中告诉青少年，聪明学习的方法之一是"总结、总结再总结"，这让我忆起了我在美国读书的那段时光。记得有一次，我参加一次大考：那是一次开卷考试，学生可以带上任何想带的书或其他资料。至今我仍清楚地记得我的一些同学抱着装满书和笔记的袋子进入考场的情景。

我并没有像他们那样做，而是提前把所有的学习资料总结成一叠索引卡片，把它们塞进牛仔裤的后袋里就进了考场。同学们看到我轻装上阵的样子，还以为我放弃考试了呢！最后，当我交卷的时候，有好些同学还埋头于书堆，手忙脚乱地查找资料。分数下来了，轻轻松松考完的我在这次考试中得了 A。

另外，这本书的每一章都告诉了小读者一个科学而简单的技巧，这些技巧也都是切实可行的。书中还有一些小测试和谜题，它们使这本书读来更加有趣。当然，书中还有许多代表着郁之真知灼见的金句，例如："……休息，实际上是在为未来漫长的旅程做准备。"（见第 85 页）这类句子在书里真是随处可见。

郁之戏称自己是个"退了休的青少年"，因此，他当然知道如何与青少年打交道。虽然"退了休"，但他确实是给自己鼓足劲，朝气蓬勃地为青少年写书的。

这本书的面世恰逢其时，我认为现在正好到了大家都需要坐下来好好审视自己的生活方式的时候。郁之在书中这样写道："当今世界的快节奏生活可以像海啸一样将我们席卷而去……"（见第136页）这是非常真实的写照。我为周围的许多人感到遗憾，他们总是每日清早就出门，夜深了才能回家。他们生活在热带地区，但根本没机会享受到温暖的阳光。

那么，我们能做些什么呢？为此，郁之给的建议是，找到我们真正想要的生活，然后据此设定可行的生活目标。我认为我们确实需要花时间问自己一些基本问题：生命的意义是什么？我们来到这个世界的目的是什么？我们要去往哪里？为什么要去那里？

还有一些人们普遍会遇到的问题也值得思考：

我们为什么总是行色匆匆？必须如此忙碌吗？

我们是否在用一成不变的方法去完成所有任务？

我们可以更聪明地工作吗？

我们能简化做事的方法吗？

我们能简化生活的方式吗？

我们能消除生活中的杂乱现象吗？

我经常问自己的一个问题是："我是否有时间和精力去享受我一直努力追求的东西？"我们为什么会产生想要拥有这个东

西的想法呢？郁之在书中建议我们以借用代替购买，而且提供了一个非常好的小贴士——"一个月清单"（见第 122 页）。

总的来说，这是一本非常有价值的书，你可以从中学到很多有用的技巧，读到很多精彩的小故事。对于忙碌的青少年来说，这本书简直太适合你们了！

洛·瓜特·丁（Low Guat Tin）

新加坡国立教育学院副教授

导读

看看你的周围，你看到了什么？

很有可能，你会发现人们正行色匆匆地四处奔波，似乎毫无头绪地忙碌着。在日常生活中，我们总是急于从A处奔往B处，完成一项又一项任务、实现一个又一个目标……深陷其中无法自拔，有时难免会因此失去一些东西，甚至失去自我。

尤其是青少年，每天赶着时间冲去学校、上好几节课，应付校内外的各种活动，放学后很可能还得上校外辅导班，直到晚上才能回家。当然，这只是泛泛而谈，并不适用于所有学生，但青少年一天比一天忙碌，这是毋庸置疑的。作为一名"退了休的青少年"，我能体会到那种令人精疲力竭的时光。

很多时候，我们忙于学业及各种课内外活动，几乎没有时间留给自己，更别提家人和朋友。在熙熙攘攘的环境中，我们可否扪心自问：参与的活动有多少是有意义的，有多少是没经过思考的盲从行为？如果我们能花些时间深思这些问题，设计出可行的计划或系统方案，我们肯定可以生活得更有目的性。

夜归人

  这就是创作这本书的意义所在。这本书告诉我们为什么会将生活过得如此忙乱，如何使自己的学习和生活更简单、更富有成效。这本书还带领我们去探索简化一些生活过程的基本原理，找出一些技巧，使我们的生活变得简单且更有目的性——简化，是我们取得眼下的成功以及未来的成就的首要条件。

  不过，简单的生活并不意味着更轻松。简化生活需要我们付出努力，甚至做出一定程度的牺牲。只要做到这一点，我们的收获肯定是巨大的。

  在开始这段探索之旅之前，我先跟大家分享一个故事吧！

从前有一只勤劳的蜜蜂,整天都辛勤地劳动着——采花粉、酿蜂蜜、给花授粉等等。它不知道该如何简化自己的任务,其他蜜蜂花一个早上就能搞定的工作,它得干上一整天。为什么它需要花这么多时间?因为其他的蜜蜂都是收集一大堆花粉再集中送回蜂巢,它却采集一朵回去一趟,不知浪费了多少时间和精力在路上。

于是,这只可怜的蜜蜂不得不整天辛辛苦苦地劳作,其他蜜蜂却可以好好享受一个下午的休闲时光。

没时间休息

为了不像这只蜜蜂那样毫无头绪地忙乱生活,现在就让我们一起去发现简化学习与生活的秘诀吧!

第一章

用对方法，简化学习

尖子生之所以能考高分，主要是因为他们对如何学习各学科有清晰的想法。在进入课程学习之前，他们首先会考虑并解决以下两大问题：

- 第一，学科的教学要求是什么？
- 第二，学科的考试要求是什么？

你知道为什么需要考虑这两个问题吗？找到具体的答案，对我们的学习和考试又有什么帮助呢？本章给出了"一学就懂、能用"的指导方法，让我们一起去看看吧！

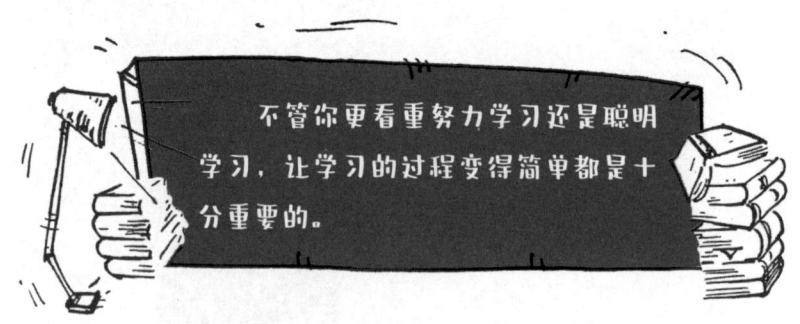

不管你更看重努力学习还是聪明学习,让学习的过程变得简单都是十分重要的。

为什么要简化学习过程?

学校生活和学习占据了青少年的绝大部分时间。不过,这并不是什么坏事。在学校里,青少年可以结交朋友,学习社会规范和行为准则,获取知识和技能,并且还玩得很

不堪重负①

---

① 本书所有图片中的英文的释义,详见文末《索引》。

第一章 用对方法,简化学习

开心。事实上,青少年待在学校的时间往往比待在家里的时间还要多。学校是让他们感到轻松自在的地方。在成长的岁月中,这段时光不可或缺。

虽然学习是学校生活的核心内容,但现在的青少年不得不参加许多课内外活动,还得搞定堆积如山的作业、各种各样的智力竞赛和测验,难怪他们有时会感到不堪重负,跟不上学习进度。因此,帮助他们简化学习过程、提升学习效率是十分有必要的。

想想吧,我们有多少次被堆积如山的作业包围?我们的课桌上似乎堆满了永远也做不完的作业。为此,一些学生甚至称自己有时根本找不到桌面!

桌面在哪儿?

要做的事情太多而时间太少了！因此，我们必须想办法来简化学习和复习方法。

努力学习就能成功吗?

有句格言大意是，努力工作的人会得到回报。这同样也适用于学习。在我年轻的时候，人们告诉我，只要努力，就会有光明的前途。这么说当然不算错，但在现在这个以快节奏发展的世界里，情况并非总是如此。

有些没能顺利毕业的人，最后也成了成功的企业家，例如微软的创始人比尔·盖茨。人人都知道他是世界上最富有、最成功的人之一，想必很少有人知道他是一个大学肄业生。成功的网络营销人及畅销书作家亚当·王也是大学肄业生，他中断了学业，因为他想更加专注地发展自己的互联网业务。所以你看，成功不是只属于那些努力学习的人。

请别误会，我并不是说青

前途光明吗？

第一章 用对方法，简化学习

少年都应该停止学习。我的意思是，仅仅靠努力学习还不足以保证能获得成功，想要实现自己的学习目标或者其他目标，努力学习是基础，但我们还需要一些额外的努力来让自己脱颖而出。

让学习变得简单

学习对有些人而言，就像背诵字母表一样简单，对另一些人而言，却如同攀登珠穆朗玛峰一样困难！不同的人有不同的天赋，这就是为什么有些人能够在学术上取得很高的成就，有些人却连高等学校都没能进入。不过，不管天赋如何、最后能取得什么成就，想办法让学习过程变得更简单总是没错的！请注意，让学习过程变得简单，并不意味着在学习的时候偷懒、不认真。

想要正确地简化学习过程，

攀登珠穆朗玛峰

我们就应该制定策略、探索技巧，使学习或复习的过程不那么烦冗。这些策略或技巧将在后面的章节中具体讲到。

有太多学科要学

我想问大家一个问题——请根据你的情况，选出正确的选项：

你在学校里需要学多少门学科？

（1）5门

（2）6门

（3）7门

（4）8门

（5）9门

（6）更多

要学的太多！

你选了哪一项？是不是（6）？如果是的话，在选择的过程中，你心中应该很惊讶吧？或者说，对这个选项，你其实满腹怨言！

是的，我们需要学习的学科太多了！由此产生的学习压力剥夺了我们学习的乐趣，甚至可能扼杀我们的学习热情。

第一章 用对方法，简化学习

时间有限，怎么学习？

时间有限！

这是另一个需要我们考虑的重要因素。一天只有24小时，我们不可能把所有时间都用在学习上。用在学习上的时间过多，我们难免会忽略生活的其他方面，比如家人、朋友等。

关于这个问题，第三章中会有具体的介绍。

阿尔伯特是个典型的刻苦用功的学生。他上课努力跟上老师的进度，下课认真完成每一门学科的作业。为了完成家庭作业、简报、课堂测试等，阿尔伯特苦苦挣扎，不堪重负。但是，面对同样的情况，他的同学罗杰不仅能够完成任务，而且还能抽出时间休息。为什么罗

努力学习还是聪明学习？

杰可以如此轻松地搞定阿尔伯特需要拼命努力才能完成的任务呢?

答案在于,不仅要努力学习,还要聪明学习。

努力学习 VS 聪明学习

注意到了吗?一些学生在积极参加课外活动的同时,还能毫不费力地取得优异的学习成绩。这真令人羡慕,他们怎么能做得如此出色?难道他们是来自另一个星球的人?

天　才

答案并非如此不可思议。他们有可能天生就特别聪明,但更有可能的是,他们建立了科学有效的学习体系。换句话说,他们知道如何聪明地学习。

时间有限,快快使用聪明的方法来为你的学习减

第一章 用对方法，简化学习

负吧！

邱缘安是一位成功的教练和企业家。虽然他在 26 岁的时候就赚到了人生的第一个 100 万，但他一开始并不是很优秀。在小学和中学时代，他一直学得很吃力；直到掌握了一些聪明的学习方法后，成绩才有所提高。

通过运用这些学习方法，他学会了合理地管理时间，并掌握了一个很关键的技能——设定目标。

聪明的方法助你成功

明确你的目标

明确你想从学习中得到什么是聪明学习的第一步。大多数尖子生对自己想要达到的目标都有清晰的认识，例如他们可能想在下一次数学测试中考得高分，或者在全国性的考试中名列前茅。一旦有了目标，下一步就是制订达到目标的计划。

锁定目标

虽然这些尖子生并不是都能达到预期目标,但是他们达到目标的欲望加上付出的努力会让他们更接近自己的目标。

通常,这些学生对如何学习各门学科有清晰的想法。以下是几个需要考虑的问题:

第一,学科的要求是什么?

我们首先得了解并理解所学学科的教学要求。正如我们计划旅行时,首先需要知道去哪里、如何去以及需要注意些什么;学习一门学科时,我们必须清楚学习的目标,理解学习这门学科会给我们带来什么益处。

另外,我们需要了解每门学科的课程标准,以便科学合理地安排学习进度,制订学习计划表。一旦知道了课程

第一章 用对方法,简化学习

标准,我们就能将精力集中在本年度的学习重点上。

第二,考试的要求是什么?

掌握考试要求也很重要。如果我们不能运用学到的知识来解答考试题目,那么对学生而言,努力学习也就失去了一部分意义。

不同学科的考试有不同的要求,历史考试的答题方式与地理或数学考试的就不可能相同。例如,历史考题的答案需要列出具体日期、人物和事件等细节,每一项都很重要,书写格式也必须规范;而对于数学来说,答案可能只是一个数字,但同样重要。因此,不同的学科

明确旅行的目的地

不仅学习内容不同，而且学习方法和考试要点也不一样。只有掌握了学科的考试要求，我们才能据此选择恰当的学习方法。

你是否留意到，一些学生并没有整日学个不停，却能在学业上出类拔萃，在考试中取得高分？他们是怎样做到的？答案很简单，因为他们会聪明地学习、聪明地考试！

爱德蒙是一个很自觉、学得很认真的学生，但凡学过的内容他都记得住，可每每测验或考试时，他都发挥不好。

难道他患了应试焦虑症？

或者学过的内容他记得不够牢固？

还是说，他不能理解考题的意思？

很可惜，以上问题的答案都是"否"。困扰爱德蒙的真正问题，是他无法运用学到的知识来答题。这简直跟没学一样！很多时候，从表面上看学生把学习内容背得很牢，然而他们并没有"消化"这些内容，自然没法应用这些内容来答题。

一个有效的补救办法就是练题。找出过去几年的考试真题，认真做一做。你如果足够自信，可以计时做题。这样，你就能比较准确地判断出自己真正理解了几分。并且，通过这些练习，你也能更好地应用所学的知识。

第一章 用对方法,简化学习

做不出来

那么,在之前的学习中,你是否如此练习过?又是否练习得充分呢?

故事启示录

马拉松比赛

从前,有一名马拉松运动员,他很不起眼,因为他几乎没法跑完全程,更别提赢得比赛了。然而,在一场比赛中,他居然破天荒地赢得了胜利。新闻记者大都认为他此次获胜全靠运气,因而忽视了他取得的胜利。

没料到,他参加下一场马拉松比赛时又胜利了,而且这次遥遥领先。这下记者们好奇极了,纷纷追问他用了什么方法帮助自己取得如此大的进步。

"我赢得马拉松比赛靠的是自己的智慧。"这是他的答案。

记者们感到很困惑,便请他解释。

"是这样的,每次比赛之前,我都会跑

马拉松比赛

第一章 用对方法，简化学习

一次全程。在这个过程中，我会将比赛路线分成几部分，并在沿途为每部分找到一个醒目的路标。比赛正式开始后，我会以最快的速度跑到第一个路标，实现第一个目标后，继续瞄准下一个路标往前冲……这样，我用短跑冲刺的方式完成了全程马拉松。其实，对我而言，这相当于参加了很多场短跑比赛，而不是一场长长的、极度考验人耐性的长跑比赛。"

这个故事告诉我们，了解自己的任务并做好相应的准备工作，对于取得成功十分重要。

成功的学生便非常了解摆在自己面前的任务，他们能以这种了解为基础，制订适合自己的计划去取得成功。

简化学习的小技巧

现在，让我们来看看有哪些方法可以帮助我们简化学习。

分小组学习

分小组学习是绝佳的学习方法。有了朋友或同学陪伴，学习便不再是孤独的任务：当我们注意力不集中时，他们可以在身边提醒、激励我们；当我们碰到难题时，他们也可以随时伸出援手。

023

　　建立学习小组主要是为了完成一些学习和复习任务。小组规模建议控制在 5 人以内。小组规模太大的话,很难找到合适的时间让大家都聚在一起学习;并且人一多,就容易将更多的时间浪费在闲聊上,那么建立学习小组就会起到反作用。

　　我们分组学习时,应当具体安排好学习、讨论和休息的时间,例如,学习一小时后休息 15 分钟。还有,小组成员要保证在学习时间内完成学习任务。一开始就指定一个人作为学习监督者,能有效地起到促进作用,因为他可以(或必须)时不时地提醒小组成员将注意力集中到学习上,

这是小组学习吗?

不要分心。

小组的每一个成员都必须充分发挥自己的作用，这样分组学习才能取得最好的效果。这意味着每个人都必须为小组学习做好准备。每次学习活动开始之前，小组成员必须先商定主题，然后学习监督者将任务分配给每个成员。成员们必须认真负责、尽己所能地共同实现小组的学习目标。

在小组学习期间，成员们可以在共同完成以下任务的过程中互相帮助：

第一，分享和订正笔记；

第二，复习以前的家庭作业；

第三，相互进行小测验、练习、熟悉学习内容；

第四，设置问答环节，互相检查对某一部分内容的理解程度。

在小组学习结束时，至少花 10 分钟时间来简要回顾本次活动的内容，并确定下次活动之前成员们需要完成的任务、履行的责任。

找到合适的学习场所

试着问问你自己，有没有一个你喜欢并且适合学习的

地方，可以让你有效地学习和复习功课？

如果有，恭喜你！如果没有，你最好问问自己："为什么？"

有一些青少年适应能力很强，无论周围的环境如何，轻易就能进入学习的状态。所以，

合适的学习场所

他们不需要特定的学习场所。然而，有一些青少年却需要精心挑选一个利于学习的地方。我常看到青少年聚在图书馆、快餐店、购物中心或其他公共场所学习。或许他们觉得家里太吵、太乱了，没法好好学习；又或许家里太舒服了，有太多的干扰因素，诸如电视机、电脑、游戏机，甚至是床！无论什么原因，主动寻找一个能让自己提高学习效率的地方是值得肯定的做法。

选择学习场所时，你首先应该确定那是一个可以让你将注意力集中在学习上、不容易分心的地方。它不必富丽堂皇。对于一些人来说，卧室可能就是一个好地方，但我们需要不断地抵御上床去睡觉的诱惑！对另一些人来说，

第一章 用对方法，简化学习

换一个环境可能更可取。

以下问题可以帮助你判断一个地方是不是合适的学习场所：

第一，有高矮合适的桌子和椅子吗？

第二，周围环境是否安静？

第三，是否常有人进进出出？

第四，是否有配套的洗手间等设施？

第五，是否有良好的照明条件？

记住，选对学习场所，才能更有效地完成学习任务。

跟踪你的学习进度

跟踪学习进度是一个好主意，这也是每次重要的考试结束后都会下发成绩单的原因。

你可以通过写日记来记录你的学习进度。准备一个笔记本，为每门学科预留几页纸，写下学科的名称及包括的章节主题。

以历史学科为例，假设本学期的学习内容有 10 个章节，那

进度报告

么就在笔记本上记下章节名称,并有针对性地列出你的关注点以及每个章节学习时需要注意的事项,例如是否需要付出更多的时间和精力,等等。

养成按时更新的习惯,这样,你就可以轻松地掌握每门学科的进度,并决定在学习哪些内容时投入更多的精力。

从错误中学习

很多时候,开始新的章节、学习新的内容能让我们获得成就感,因此许多人一味追求进度,却忽略了从错误中学习这个有效途径。

当作业本、测验或考试的卷子发还给你的时候,你的关注点是否只在分数上?为考得好而高兴,或为考得太差而苦恼,然后就把卷子扔到一边去?有多少人认真分析了自己在考试中所犯的错误,并找出错误出现的原因,然后努力改正?

从错误中学习

第一章 用对方法，简化学习

在学习的过程中，有个十分有效的方法，就是从错误中吸取教训，确保不再重蹈覆辙。你能做的就是将做错的试题记录在笔记本的一栏中，然后在相邻的一栏对应写上正确答案。犯新的错误是可以理解的，但最好不要在同一个问题上一错再错！

总结、总结再总结

这是简化学习最有用的策略之一。让我们面对现实吧！我们中有多少人想要获取关键信息，却被大量的笔记和课文困扰？如果我们在考试前只用复习一套笔记，而不是堆成小山的课本和课堂笔记，岂不是很棒？

还是个学生的时候，我总是在每一个章节的学习结束后对课文内容和自己记录的笔记进行整理和总结。当考试临近时，我所要做的就是复习这套总结性笔记。这无疑使我的复习更简单更轻松。

归纳总结

所以，对你的笔记和课文内容进行总结、概括，筛选出重要的内容吧，这样能帮助你减少复习的工作量，避免承受过大的压力。

故事启示录

过度总结

考试时，监考老师在考场中踱来踱去，维持考场秩序，确保没有学生作弊。走向最后一排时，监考老师看到一个学生正凝视着前方沉思，没有答题。

也许他写下答案之前，需要仔细思考一些问题。监考老师这样想着，继续履行着他的职责。十五分钟后，监考老师再次经过这个学生的身边，看到他仍在发呆。监考老师想：他一定在努力地思考着。

半个小时过去了，这个学生还是这种状态。这一次，监考老师有些担心，于是问学生："你为什么只发呆不答题呢？遇到什么问题了吗？"

学生抬起头，低声说："老师，我为这次考试做了充分

第一章 用对方法，简化学习

的准备。一开始，我复习了所有笔记并将它们总结成五页，然后，我又成功地把这五页总结为一页，接着把一页总结成一句话，最后，把一句话总结成一个词……"

听到这里，监考老师难以置信地问："那你为什么不将你辛苦总结出来的词写下来呢？"

这时，那个学生不好意思地看着监考老师，回答道："呃——我把那个词给忘了……"

监考老师觉得很荒谬，他认为这只是学生没有做好考

过度总结

试准备的借口。于是，他生气地说："胡说！"

"哈哈，我总结出来的正是这个词！"学生欢呼起来。

我讲这个故事的目的，并不是让大家以这个学生为榜样，学习他的做法。使事物简单化在某些方面确实有助于我们的学习，毕竟我们不可能记住看过的每一个细节。从大量的阅读材料中总结出要点，会让学习变得不那么困难，减轻复习时的压力。不过，简化要适度，如果将复习资料总结或简化到没有任何用途的地步，那就毫无意义了。

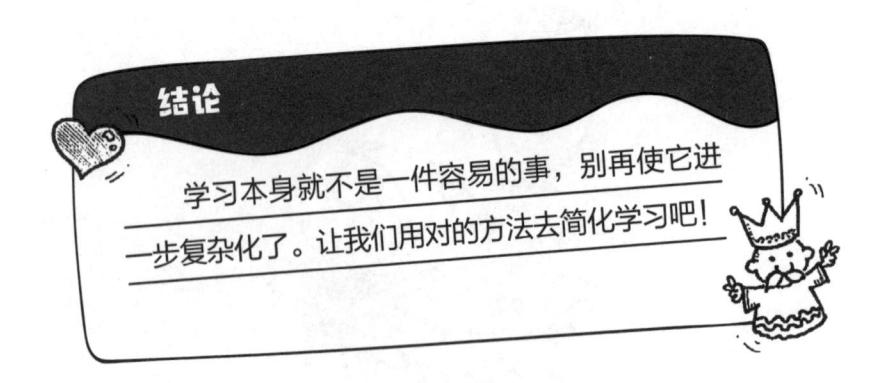

结论

学习本身就不是一件容易的事，别再使它进一步复杂化了。让我们用对的方法去简化学习吧！

第一章 用对方法，简化学习

※ 小贴士：学习的简化建议 ※

*分小组学习；

*找一个适合学习的场所；

*跟踪自己的学习进度；

*从错误中学习；

*为更好地理解内容、提高复习效率进行总结。

用对方法得高分

第二章

整理物品，优化环境

要想学习效率高，环境舒适很重要。可是，现在许多学生的卧室、书桌都凌乱不堪。到底是什么原因造成了这一切呢？常见原因有以下3点：

- 第一，"懒虫"会咬人；
- 第二，太疲倦，没有精力收拾；
- 第三，放置物品缺乏系统性。

为此，作者进行了问题分析及具体可行的方法指导。如果你也有上述问题，并正为自己杂乱无章的卧室、书桌备感苦恼，请开始本章的阅读，找出适合自己的解决方法吧！

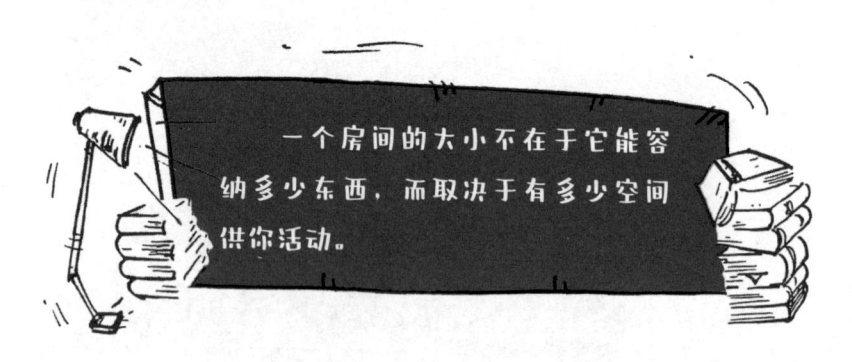

> 一个房间的大小不在于它能容纳多少东西，而取决于有多少空间供你活动。

为什么留下这些东西？

不同的人有不同的理由留下某些东西。对一些人来说，某个物品具有情感价值，可能是亲密的人赠送的礼物；对另一些人来说，他们只是喜欢收藏。例如，有些人在童年时期缺少玩具，因此，在他们有能力赚钱后，他们会试图通过收集玩具来弥补童年的缺憾。这可能是一个昂贵的嗜好，因为曾有新闻报道，有人花费数千美元，仅仅为了购买《星球大战》古董玩具。

这些物品在掏空我们钱袋的同时，也轻易地占领了我们的生活空间。当我们收集和保存的东西太多时，我们的生活环境就有可能被弄得一团糟。

珍贵的礼物

第二章 整理物品，优化环境

昂贵的嗜好

保存 VS 收集

保存和收集是有区别的。

收集东西的时候，我们会设计一个科学的系统来确保东西各归各位，让一切井然有序。例如，收集邮票时，我们会购买集邮册，根据不同的地区和邮票面额对它们进行分类保存。

相比之下，保存物品时，我们往往不加规划地将它们乱扔一气，很容易造成混乱，大大妨碍我们的正常工作和日常生活。想象一下在堆积如山的物品中寻找某一个东西的情景，简直堪比"大海捞针"！

收集邮票

为什么要整理物品？

生活空间有限

面对现实吧，我们的家或者卧室只能容纳定量的东西，如果不及时清理，那就需要找一个仓库来存放多出来的东西了。因此，舍弃一些东西，创造更宽敞的生活空间，为

仓库

第二章 整理物品，优化环境

新物品腾出一席之地，这也是简化生活的一种方法，可以帮助我们清晰地思考、健康快乐地生活。此外，还能帮我们省钱，毕竟，租一个仓库可不便宜呢！

心情好，学习才高效

环境干净整洁，我们就会感觉舒适、精神焕发，宜人的场所总能唤起我们愉悦的感觉。一旦感到舒适，我们就会更加专注于手头的任务，更高效地学习。

温暖的港湾，还是杂物堆？

无论是在学校还是其他地方度过漫长的一天后，我们回到家想做的第一件事，也许就是躺在床上休息，放松一下。因此，如果我们的床上堆满杂物，几乎连容身之地都没有，那会是多么糟糕的感觉！

达里尔是一个不喜欢回

是家还是旅馆？

家的学生，他喜欢待在学校里做作业。老师问他原因，他说家里太乱了，一回到家就只想睡觉。本应该让人放松身心的环境变成了心灵的困境，本应是温暖的家变成了旅馆，多可悲！想象一下，如果有一个干净整洁的房间，所有的东西都摆放得整整齐齐，放学后你会不渴望回到它的怀抱吗？

房间凌乱不堪的原因

去你的卧室看看，你看到了什么？如果是摆放有序的书、整洁的书架和用心铺好的床，那么祝贺你，你拥有一个良好的学习和生活环境！但是，如果你看到的是四散的书，满地的衣服，乱糟糟的床……那么，你最好做点什么吧，否则，蟑螂和其他虫子会把你的房间变成它们的藏身之处！

是什么导致你的房间凌乱不堪？原因有很多，以下是常见的3种：

第一，懒惰。

是的，懒虫会咬人。犯

咬人的懒虫

第二章　整理物品，优化环境

懒的时候，我们会将东西随手一扔，而不是把它们放在合适的地方。在意识到这一点之前，我们的房间已经一团糟了。如果不改掉自己的这种行为，会发生什么呢？我们会越来越懒，在卧室里堆更多乱七八糟的东西！

第二，疲劳。

在学习或玩耍了一整天后，我们太累了，没有精力去收拾房间。当疲劳袭来时，我们唯一想做的事情就是休息。于是，一切物品都被随手抛在一边，卧室看起来自然乱糟糟的。

别打扰我休息！

第三，没有系统地放置物品。

大多数人都有自己的一套物品放置系统——也许是让房间变得整洁的收纳系统，或者是让物品摆放得更有条理的存放方式。不幸的是，也有些人实行"放任"政策。也就是说，他们没有系统化

乱得不成样子！

地管理自己的房间，没有花时间和精力去收纳、摆放物品的意识，所有的东西爱怎么摆就怎么摆。你可以想象，他们的房间会乱成什么样子！

房间凌乱不堪的危害

危害健康

当我们的周围堆满杂物时，一些讨厌的"客人"就会不请自来，例如臭虫、蟑螂、蚂蚁、蜘蛛以及其他六足生物，它们会来和我们玩捉迷藏的游戏。

它们的到来，可不仅仅会让你感觉碍眼闹心，它们还会传播疾病，影响生活环境的卫生水平。如果希望家人和自己的体检报告上的各项检查结果都是正常的，那你就需要认真考虑如何让你的房间摆脱杂乱无章，让虫子无处藏身了。

臭虫来访！

第二章 整理物品，优化环境

安全隐患

　　一个杂乱的房间也会对你和家人造成直接的危害，例如，满地的玩具或其他物品很可能让人不小心碰伤或摔伤。正是由于西蒙的房间乱得让人无法下脚，他的妈妈进屋时才会不小心踩到滑板摔倒，导致腰椎骨折，不得不进医院治疗了好几个月。相信没人想要这样对待自己的妈妈吧？行动起来，让这些隐形危害消弭于无形吧！

摔伤了

留出活动空间

　　特里斯坦没什么特别的，他做着普通青少年该做的事，例如和朋友一起购物、闲逛等等。当然，他也有自己的独特之处，譬如，将自己的东西乱扔乱放！他的书可能出现在卧室的床上、桌上，甚至地板上！哦，他的地板看上去简直就像灾难现场！

这样的不良习惯当然引起了他妈妈的注意，她经常为此唠叨不休。

"特里斯坦！你能整理一下你的房间吗？东西扔了一地，我怎么吸尘！"

"妈妈，我其实是在帮你减轻劳动负担。你看，我的地板已经没有空间了，所以你用不着吸尘了！"

请注意，我可不是在倡导特里斯坦的习惯和行为，正如前面提到的一样，摆满杂物的地板不仅会给人留下不好的印象，更重要的是还会埋下安全隐患，必须引起我们的重视。

杂物占满地板

第二章 整理物品，优化环境

空间吸引力法则

有一个独特的法则支配着我们周围空着的地板或其他空间——"空间吸引力法则"。回忆一下，你是否一旦发现一个空着的地方，很快便会随手扔一些东西在那里，而且越堆越多，直到变得一团糟？

这种情况经常发生，特别是当我们买了新东西或收到礼物的时候。如果时间允许，我们会把它们存放在合适的地方，但通常是哪儿空着扔在哪儿。

空间吸引力法则

绘画练习

现在,请你站在卧室门口,仔细观察四周,你看到了什么?在下面的方框里画出卧室草图吧!

我的卧室草图

第二章 整理物品，优化环境

你画的图看起来是这样的吗？

还是这样的？

047

优化环境的小技巧

正如我们所看到的,清理杂物,拥有一个干净整洁的环境有助于我们健康快乐地生活。这里有一些技巧可以帮助我们做到这一点。它们听起来很简单,却很有意义,而且很有效。

将物品分类

清理物品的第一步是确定我们想保留什么、不想保留什么。请找出三个盒子,第一个写上"保留",第二个写上"不保留",最后一个写上"待定"。

以你的书桌为例,我们可以系统地整理书桌收纳的全部物品。先把焦点放在桌面:把我们想留下的东西放到"保留"盒里,不想留下的东西放到"不保留"盒里,一时

把物品分类

无法确定的东西放到"待定"盒里。

请注意,"待定"盒里的物品不能保留太久,最多六个月。如果六个月后仍未使用,则将其归入"不保留"盒里去。

对于"不保留"盒里的物品,我们可以把它们扔掉或者捐赠出去。如果它们还有一定的价值,我们可以把它们卖给二手货商或废品收购站。

一个月做一次这样的分类整理是很有必要的,如果时间充足,可以整理得更勤一些——尤其是在一周后我们就找不到桌面在哪儿的情况下。

如果采用这种简单的方法来分类整理物品,可以肯定的是,我们做事会更有条理。

把它们捐赠出去

当房间被塞得满满当当时,我们有两个选择:一是搬到一个更大的房间去(可能性极小,在此不作考虑),二是处理掉不必要的东西。我们可以将不再需要的物品赠送给其他有需要的人(你还记得"不保留"盒里的物品吧)。

一些富有创业精神的青少年首先会想到卖掉"不保留"盒里的东西来赚点外快,这是一个好主意。然而,总有些东西无法出售，把它们捐赠出去就是最好最直接的解决办法。

我们把东西捐赠出去，既为自己腾出空间也帮助了那些无力购买这些东西的人。不是非要等到圣诞节你才能做圣诞老人，平时也可以，你捐赠的这些东西给其他人带去的惊喜或许不亚于圣诞节礼物。可以捐赠物品的地方不少，例如，在新加坡就有一个好地方——救世军。你还可以将不需要的物品送去旧货商店。不过，既然要捐赠，就请保证物品是干净、完好的，这样才可以最大限度地让那些原本无法负担这些东西的人得到快乐。这样做也会让你快乐，感觉世界充满温暖。

圣诞老人

用完即刻物归原处

另一个技巧是，使用后立即将物品放回原处。这样，一切都会像使用之前那样井然有序。很多时候，四周变得乱糟糟的，就是由于我们用完东西后随手乱扔。我们习惯这样做的原因包括：

1. 太懒，不愿意多花工夫将它们放好；
2. 认为稍后会再用到它们；
3. 忘记把它们放回原处。

所以，只要能在使用后立即将物品放回原处，你就能让房间保持整洁。

物归原处

系统化整理

对于很多人来说，"系统化"是一个简单却又难以弄明白的词。为了保持房间整洁，我们必须采用一种系统化的方式来整理物品——无论是书籍、文具、器皿，还

系统化整理很有必要

是其他物品。这样才能确保房间里不会堆满乱七八糟的东西。

　　购买一些档案袋、文件夹来整理、归类家庭作业和课堂讲义，再花点时间把书架上的书分类摆放整齐，例如，我们可以按学科或书的内容来分类。还要确保抽屉里的物品分门别类地摆放整齐。如果有许多小物品或五花八门的文具，我们则可以买一个桌面抽屉来收纳。

第二章 整理物品，优化环境

结论

设计出一个可以有效清理杂物的系统，我们就能将身边所有物品摆放得整齐有序，为自己创造出一个更好的学习和生活环境！

系统化整理

※ 小贴士：整理物品的简化建议 ※

＊分类整理我们的物品；

＊定期清理并捐赠不再需要的物品；

＊每次使用后物归原位；

＊系统化整理物品。

第三章

管理时间，提高效率

只有管理好时间，才能节约时间、利用好时间。那么，如何做我们才能优化时间安排、有效地管理时间呢？答案其实很简单：

- 第一，从大局出发，再回到细节；
- 第二，改进低效的日常作息；
- 第三，有了想法立即行动，不要拖延；
- 第四，做出承诺，按时完成任务。

作者在本章中对上述四个方面进行了具体讲解，给出了操作性极强的行动指南。想要提高时间管理能力的小读者，进入本章去找找你想要的答案吧！

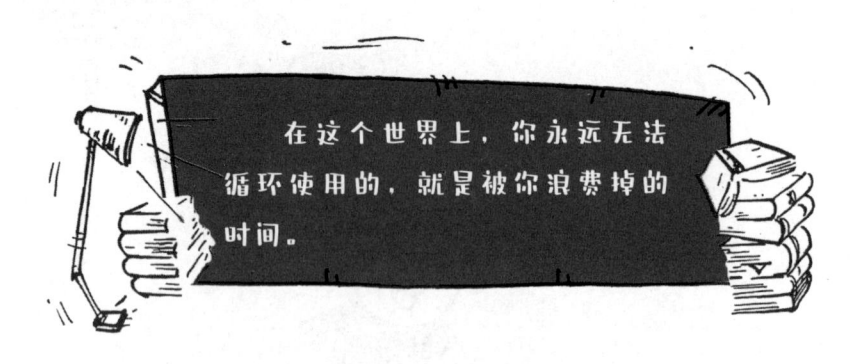

> 在这个世界上,你永远无法循环使用的,就是被你浪费掉的时间。

为什么要管理时间?

用金钱无法买到的东西是什么?

答案是时间!

以下两个原因可以告诉你为什么需要管理时间:

第一,时间是最宝贵的东西。

你是否有过这样的经历:全情投入一项任务中,根本没意识到半天甚至一整天就这么过去了。是的,当你玩得很开心或者很忙碌的时候,时间如箭一般嗖地就过去了。

可是,我们又常听人抱怨时间过得太慢。这种情况通常发生在排长队等待的时候。排队的人总感觉时间过得就像蜗牛爬一样缓慢。

无论是时光飞逝,还是度日如年,时间总会过去的,而且重要的是,我们不可能让时光倒流。时间如此宝贵,我们必须简化生活程序,管理好每一分每一秒。

第三章 管理时间，提高效率

第二，时间不可能循环再利用。

随着环保意识的增强，人们对废物再利用越来越重视，现在绝大部分东西都可以循环利用了，从纸张到玻璃再到水，似乎没有什么东西是不能循环再生的。

宝贵的时间

那么时间呢？时间也可以循环再生吗？我们有办法让时光倒流吗？

除非有时光机能够穿越时空，否则我们不可能让已流逝的分分秒秒循环再生。

人们常常抱怨自己有太多的事情要做，没有属于自己的时间。但仔细想想，我们真的没有一点空闲时间吗？其实只要找出阻碍我

时光机

们前进的因素，解决掉它们，我们就能从困境中解脱出来，也能够节约许多时间。

控制时间，而不是被时间控制

萨莉是一个总在跟时间赛跑的人，她整日四处奔波，似乎事情总也做不完，时间总也不够用。萨莉一直在与时间斗争着，以至于每天结束工作时她都疲惫不堪。

我们常能看到一些人在大街上行色匆匆地快步前进，还不时抬手看表，时间似乎控制着他们，支配着他们的行动节奏和行为方式。他们显然已经失去了对时间的控制能力。

然而，如果我们能够管理好时间，包括优化时间安排以及在正确的时间做正确的事，我们就能有效地节约时间，让我们的生活变得更有价值。

被时间控制

第三章 管理时间，提高效率

下面的故事就说明了这个观点，它告诉我们如何才能更好地利用时间。

故事启示录

蜗牛的慢生活

蚂蚁一直很忙，对它来说，每一分钟都不可以浪费。为了搜集到足够的食物，处理好所有的杂务，使生活有序、环境整洁，它没日没夜地忙碌着。蚂蚁每日也会为自己留出足够的休息时间，确保自己精力充沛，不会因为忙碌而感到精疲力竭。

与此相反，眼看着时间从自己的手中一点点溜走，蜗牛却毫不在意。每一天，它都睡得饱饱的再醒来，然后缓缓地从壳里伸出头打量世界。对它来说，生活的节奏就应当如此缓慢。

蜗牛看到蚂蚁忙个不停，便问它："你为什么总是这么忙呢？"

"我想过充实的生活。生命短暂，我想好好珍惜每一分每一秒。现在力所能及地多做一些事情，将来才不会后悔自己荒废了时光。"蚂蚁回答说。

快节奏 VS 慢生活

"但是时间很多啊,为什么要这么着急呢?"蜗牛不认同蚂蚁的观点,继续过着它的慢生活。

很快,冬天来了,这是多年来最寒冷、最漫长的一个冬天。在这段难挨的日子里,蚂蚁有足够的食物作为保障,安然度过,蜗牛却在壳里冻得直哆嗦,悔不当初:"我要是在冬天来临前就备足了食物,现在也不用挨饿受冻了。唉,我该怎么度过这个既寒冷又漫长的冬天啊?"

优化时间安排的小技巧

既然我们已经懂得了管理时间的重要性,现在就让我们去探索一些简化的小技巧,以便把控好项目进度,顺利完成这些让我们终日忙碌的任务。

第三章　管理时间，提高效率

着眼于大局

请看下面这张图，你看到了什么？

请在下面写下你的答案：

_____

如果你的答案是"3个三角形"，那么祝贺你，说明你观察到了细节。如果你的答案是大写的英文字母 M，那么恭喜你，说明你观察时能够着眼于大局。

先从大局出发，再回到细节。只有这样，我们才能更好地完成任务。还记得按重要程度为任务排序的方法吗？几乎所有关于时间管理的图书都会讨论这个问题，可令人惊讶的是，这个简单的方法仍被许多人忽视了。有些人似乎就是无法分清轻重缓急。我们在排序的时候，实际上是在判断哪些事情是重要、紧急的，需要优先完成。一旦按照重要程度列出了任务执行清单，我们就能清楚地知道哪些事情需要首先完成，哪些事情可以往后安排。

所以，请根据重要程度来为任务排序，合理管理时间，充分利用时间吧！

改进低效的日常作息

你是"习惯的产物"吗？换句话说，你是一个必须按照固定的日常作息来生活、学习，否则就无法完成任务的人吗？

研究表明，大多数人都是习惯的产物。在开始任务之前，我们都会根据喜好或习惯做一些准备工作，也就是开启自己的习惯作息模式。例如，有些青少年要在写字桌上摆出所有的文具才能安心地开

列出任务清单

第三章 管理时间，提高效率

始做功课。

如果你的作息安排很简单，那它对你而言就很有好处；但是，如果你的作息安排很复杂，会浪费你太多的时间，那么你就不得不想办法来简化它了。

我记得有个叫约翰尼的学生，他在做作业前就有一系列固定的必须完成的"准备工作"。约翰尼要吃完晚餐、洗过澡、看完每天都要看的电视节目后才开始做作业。因此，当他翻开书的时候，时间已经很晚了。这绝对是一种不合理的作息安排。

如果你的日常作息是低效的，那么就用简单而不费时的作息来替代它。还有一个更好的办法是直接废除它，这肯定能帮助你节约一些时间，然后你就能花更多的时间来完成任务，提高学习效率，也能让你为获得成功做更充足的准备。

习惯的产物

立即行动，不要拖延

有一个很好的概念叫作"30秒原则"，这是一种可以帮助我们有效利用时间的简单而高效的方法。

以下就是它的工作原理：如果你需要处理一项任务，先问问自己："我能在30秒内完成这个任务吗？"

例如，如果你看到桌上有一个空杯子需要清洁、收纳，你就可以问自己这个问题："我能在30秒内把这个杯子拿到厨房去吗？"

你当然能！这是一项不需要花太多时间的简单任务。

所以，今后看到可以在短时间内完成的事情时，请立即使用"30秒原则"，不要拖延。这样，你就可以更有效地利用时间，也可以给自己挤出更多的空闲时间。

珍惜当下的每一分钟

我们不可能让时光倒流，但是下面这个小练习可以帮助我们认识到：如果能更有效地利用时间，我们就可以做更多的事情。

请在下面的横线上列出你在上个假期中没能做到的，令你感到后悔的 5 件事：

1. _____
2. _____
3. _____
4. _____
5. _____

做出承诺

列出以后，请你做出承诺，在下个假期中挤出时间来完成其中的 3 件事。如果你能做到这一点，你就能学会有效管理时间并更合理地使用它。

结论

如果能管理好每一分每一秒,我们就能管理好自己的生活。

管理好每一分每一秒

※ 小贴士:管理时间的简化建议 ※

*着眼于大局;

*改进低效的日常作息;

*立即行动,不要拖延;

*珍惜当下的每一分钟。

第四章

放松身心，健康生活

面对日益沉重的学习压力，如何做才能让大脑得到充分放松？有如下 5 种轻松的小活动可供参考：

- 第一，消遣式阅读；
- 第二，玩解谜游戏；
- 第三，听自己喜欢的音乐；
- 第四，保证充足的休息、睡眠时间；
- 第五，保持笑容。

如果你觉得自己正被学习任务压得喘不过气来，那么这些活动就很适合你。请阅读本章，按照作者的指引行动起来吧！它们能帮助你激发大脑的活力，在学得轻松的同时学得高效！

> 简单的生活方式反而能帮助我们更好地保持身心健康。

为生命之旅做足准备

生命是一段旅程，不同的人走不同的道路，遇见不同的风景。有些人选择过快乐而健康的生活，有些人则因生活的压力而陷入困境。他们吸烟、酗酒，希望以此来减轻自己的痛苦，殊不知这只会损害他们的身体健康，产生饮鸩止渴的负面效果。

选择正确的人生道路

你会选择走哪条路呢？

健康就是极大的财富

金钱能买到一切东西吗？从某种角度来说似乎是可以

第四章 放松身心,健康生活

的,金钱能为我们买到所有能制造出来的商品,满足我们的物质欲望。然而,当健康出现问题时,金钱并不总是能拯救我们。而且,如果没有健康,有再多的财富也无法享受。因此,健康才是我们拥有的最大的财富,比金钱更重要。

虽然人类不断在医学研究上取得进步,为各种疾病找到了更好的治疗方法,但不管怎样,预防总是比治疗更好。这就是我们应该关注身体健康的重要原因。

金钱能买到一切吗?

快节奏的生活

我们生活在一个快节奏的社会中,仿佛每件事拼的都是速度,例如当下的人偏爱使用QQ和微信,因为它们比普通的信息传播系统要快得多。如今,一切都在快速发展,很多人感到压力山大,喘不过气来。因此,在发达国家,有越来越多的病例与压力过大相关。这个现象令人担忧，同时也在提醒我们要更加关注自己的身体状况，这是尤为重要的。

社会飞速发展，为了跟上发展的节奏，一日三餐也发生了一些变化。忙碌的人们需要一些能够快速烹饪和供应的食物，因此，快餐应运而生。快餐不仅可以大大节约烹饪的时间，甚至可以边走边吃。

尽管快餐可以缩短用餐时间，让我们有更充裕的时间去学习、工作，完成任务，但是吃快餐会带来健康隐患。例如过快地进食，我们没能充分地咀嚼、享受食物，吃下去的东西不容易被消化。而且快餐也不健康，多为油炸食物，热量很高，钠和脂肪含量也超高，而纤维和维生素含量又很低。如果一个人经常吃快餐又不进行适当的锻炼和定期的健康检查，很可能疾病就会来找他的麻烦。

研究表明，常常吃快餐会增加肥

飞速发展的社会

第四章 放松身心，健康生活

胖和患糖尿病的风险。在纪录片《超大号的我》中，导演摩根·斯普尔洛克做了一个实验，整整一个月里，他一日三餐只吃快餐，到实验结束时，他不仅体重增加了，健康状况也出现了一些问题。当然，这是一个极端的例子，但我们确实需要注意均衡饮食以确保身体健康。

边走边吃

生存必需的条件

空气、水、食物。

要想活下去，我们就不能离开这些东西。但此外还有一些事物对当下的人们来说很重要，那就是代表着科技发展的电子产品。

我们应该都听说过，有的人离开手机连一天都无法活下去。对这些人来说，手机简直就是他

无法离开手机

们的外挂器官,是他们生活的必需品。人们在生活中无法离开的第二件东西是电脑。如果没有电脑,我就只能用打字机来慢慢地写这本书,并且修改起来非常麻烦。所以在很大程度上,我们在日常生活中非常依赖科技,从运输系统到我们的工作方式甚至烹饪食物的方式,都少不了科技的助力。

然而,讽刺的是,这些本该简化我们生活的东西却让我们过着更复杂、更忙碌的生活。下面让我来为大家解释一下。

科技在某种程度上让我们生活得更轻松,让我们节省了更多时间,更有效率,例如,与普通信件和快件相比,电子邮件、QQ、微信大大缩短了沟通的时间。并且,提高了效率也意味着我们可以相对延长我们的时间——可以用同样多的时间完成更多的事情。过去,乘船去另一个国

延长时间

家要花上几个月的时间,但随着航空事业的发展,我们可以搭乘飞机出国,所花的时间大大减少。这给我们节省了大量的时间,我们可以好好利用这些多出来的时间。遗憾的是,通常情况下,我们并没有利用节省下来的时间去休闲或改善人际关系,而是用来完成更多的工作。这让我们陷入了一个恶性循环,给我们的精神和身体增加了更大的负担。

足够的休息时间

经过一段时间的忙碌之后,我们需要休息一会儿,这样才能继续以充沛的精力去实现自己的梦想。以汽车为例,驾驶一段时间后,最好让它休息一会儿,这样发动机才不会过热。同样,我们的大脑和身体也需要时间来休息和恢复,这样才能让我们表现得更好。

休息一会儿

大多数人每天需要

6~8小时的睡眠时间。当然，具体时间因人而异，据报道，英国前首相玛格丽特·撒切尔每天只需睡三四个小时。

你每天有足够的休息时间吗？

保持健康的小技巧

既然我们对影响健康的因素有了更多的了解，那么就来看一些能让我们保持健康的小技巧吧！

国王般的早餐，乞丐般的晚餐

有这么一句老话："早餐吃得像个国王，晚餐吃得像个乞丐。"这句话的意思是，我们的早餐应该吃得丰盛，晚餐

早餐还是晚餐？

第四章 放松身心，健康生活

要吃得清淡。

早上要吃得好，因为早餐需要为我们提供一天活动所需的能量，并且经过前一晚 6~8 小时的禁食之后，身体也需要补充营养。晚上吃清淡的食物则可以确保我们的身体不用过度工作来消化食物，让我们更容易入睡。

饮食要均衡

你吃什么就是什么。这句话的意思并不是说如果吃鸡肉你就会变成一只鸡，而是说你选择的食物决定了你的健康状况。例如，如果我们餐餐大鱼大肉，不吃水果和蔬菜，可能就会在排便方面出现问题。但这不是劝大家都吃素，毕竟吃素并不适合所有人。重要的是要饮食均衡，分量适当，这样才能满足我们的饮食需求。我们每天应该吃肉、水果、蔬菜、米饭或其他主食，加上少量的油、脂肪、盐和糖。

均衡的饮食

细嚼慢咽，享受美食

你最近一次花时间享受食物，而不是匆忙进餐、狼吞虎咽是什么时候的事？慢慢进餐的时候，我们就会花更多的时间咀嚼食物，品尝每一口食物的滋味。这也有助于消化，因为我们咀嚼食物的次数越多，胃就越容易把它们分解成身体需要的物质。

享受美食

反之，我们匆忙进餐的时候，就没法享受食物的滋味。更重要的是，狼吞虎咽还会导致消化不良。消化不良时会发生什么呢？我们会感觉腹胀，不舒服，我们的情绪也会受到影响。

所以，花点时间来享受美食吧！

利用碎片时间进行锻炼

有些人总是以各种各样的理由不去锻炼，例如，没时间去健身房，早上起不来，没法坚持晨跑，没钱买昂贵的健身器材，等等。

第四章 放松身心，健康生活

仰卧起坐

其实，这些都是借口！只要想锻炼，就肯定能找到方法。我们不是非去健身房不可，也不需要早起或者购买昂贵的器材。我们只需要灵活和富有创造力地安排锻炼就行，例如，爬楼梯而不是坐电梯，边听音乐（边看电视）边做仰卧起坐，也可以步行去目的地(如果不太远的话)——彼得就会提前三站下车，走路到学校，这样既锻炼了身体，又能享受晨风的轻拂，难怪他每天都精力充沛！

所以，请留出时间运动一下，最好能坚持每天锻炼。

放松心灵

我们的大脑也需要休息放松，恢复活力。可以帮助我们放松大脑的活动有很多，以下是最受欢迎的一些活动：

第一，阅读。

消遣型阅读能够让我们放松心情，所以，感觉疲惫

消遣型阅读

077

或压力过大时,可以看看漫画或其他令人感觉轻松的书。它们不仅能让你放松大脑,还可以让你开怀大笑。

第二,解谜游戏。

玩填字游戏和其他的解谜游戏能对大脑产生一种刺激,让大脑得到放松。有研究表明,越来越多的人把解谜游戏作为一种娱乐和放松的方式。网上有许多人在玩数独游戏,书店里也有很多针对各个年龄层读者的数独益智类图书。

你能挑战成功吗?

第三,听音乐。

人们常说,音乐能安抚凶猛的野兽。的确,音乐可以使我们感到平静轻松。不同的人喜欢不同类型的音乐,例如,有些人在听摇滚乐或重金属音乐时会感到放松,但这对我来说就行不通,它们只会让我头痛得厉害。不过,古典音乐和流行音乐对我来说却很管用。

你呢,哪种音乐能缓解你的负面情绪?

音乐的魔力

第四章 放松身心，健康生活

第四，休息和睡眠。

在一天的体力活动结束后，充足的休息和睡眠能使我们的身体恢复活力。如果休息不足，身体免疫系统的功能下降，我们就容易生病。要想休息好，睡个好觉，拥有良好的睡眠习惯很重要，做到以下这些事情，我们就能一夜好眠：

· 晚餐不要吃太多；

· 如果难以入睡，就喝一杯热牛奶；

· 确保卧室通风良好；

· 穿舒适宽松的睡衣。

法国曾经的政治和军事领袖拿破仑·波拿巴晚上睡不了多长时间，为了弥补睡眠不足、保持精力充沛，他会在白天小睡几次。这表明，有些人如果晚上睡得不多，那他们可能需要在白天适当补眠。

第五，笑一笑，十年少。

英语中有成千上万难拼写的单词，而有一个词总拼写不正确。你猜出是哪个单词了吗？

答案是 incorrectly（不正确地）！

你也许会觉得这是一个蹩脚的笑话,但我希望它能让你笑一笑。

笑是最好的良药。在根据真实故事改编的电影《妙手情真》中,帕奇·亚当斯博士在他的治疗方案中加入了幽默元素,帮助他的病人恢复了健康。这部伟大的电影说明了欢笑的治疗效果。

笑声疗法

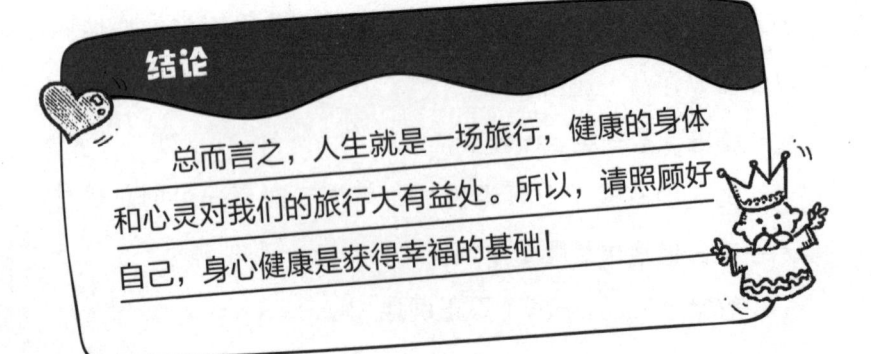

结论

总而言之,人生就是一场旅行,健康的身体和心灵对我们的旅行大有益处。所以,请照顾好自己,身心健康是获得幸福的基础!

第四章 放松身心，健康生活

※ 小贴士：保持健康的简化建议 ※

*早餐吃得像国王，晚餐吃得像乞丐；

*均衡饮食；

*细嚼慢咽，享受你的食物；

*利用碎片化时间锻炼；

*放松心灵。

身心健康

第五章

休闲娱乐，简单为宜

学习疲倦的时候，怎么做可以让我们得到真正的放松呢？其实很简单，只要以以下两大方面为前提，选择自己喜欢的活动就好：

·第一，该休息时就好好休息，一心不要二用；
·第二，摒除杂念，全身心投入休闲活动中。

接下来，就让我们一起进入本章，看看作者都给我们传授了哪些小窍门吧！

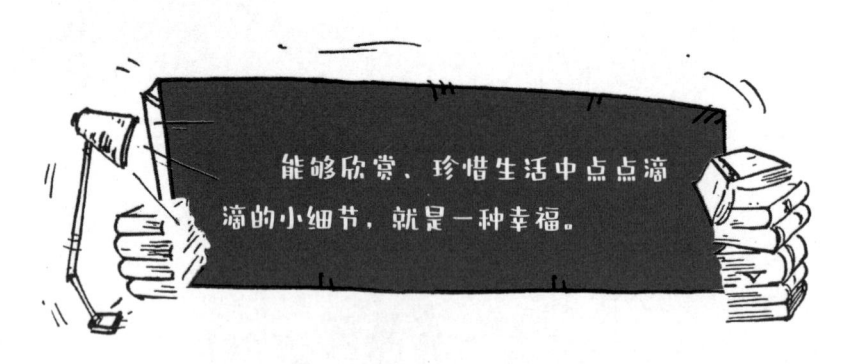

> 能够欣赏、珍惜生活中点点滴滴的小细节，就是一种幸福。

为什么要简单地休闲？

学习或工作之余，我们要么休息，要么去参加一些娱乐活动，让我们放松身心。有些人喜欢旅行，有些人喜欢购物和吃东西，也有些人想要好好读一本书或在家里睡觉。

虽然这些消遣的活动强度各不相同（比较一下极限运动与阅读），但我们进行这些活动的目的都是让自己享受生活，而不是给自己增加压力。毕竟，休闲的目的就是让我们从紧张的状态中解脱出来，放轻松。

放轻松

第五章 休闲娱乐，简单为宜

休息一下

结束一天的学习或工作后，你最想做什么？

可能是扑向你的床，被"Z怪物"带到梦幻王国去，也可能是参加你喜欢的活动。这些活动可以是比较轻松的，比如听你最喜欢的音乐或读一本书，也可以是需要耗费较多体力的，比如慢跑、游泳或参加一些球类运动。

不管怎样，让自己休息放松就好。常言道，我们停下来休息，实际上是在为未来漫长的旅程做准备。

慢跑

玩乐时间

全身心投入

你观察过小孩子是如何在操场上玩耍的吗？你有没有发

现他们在彼此追逐时有多么快乐？他们丝毫不受周围环境的影响，沉浸在快乐中。这就是我们应该向他们学习的地方。当我们玩游戏或参加其他休闲活动时，一定要确保让自己放松下来，全身心地投入、享受。如果能做到这一点，我们就能体会到其中的乐趣，而这正是休闲的意义所在。

故事启示录

画家的困惑

有一个人喜欢画画，对他来说，画画就是最完美的休闲活动。他特别爱画周围的美丽风景。

这天，他终于完成了一幅画了好几个月的画。在对外展示之前，他决定先征求朋友的意见。

"我觉得这是一幅漂亮的画，"一个朋友表达自己的看法，"不过，为什么没画上亚马孙河呢？"

"没有河流我觉得还好吧，但是雪和冰在哪里呢？"另一个朋友问。

"艺术家，你忘记了一样重要的东西——稻田。"又一个朋友评论说。

第五章 休闲娱乐，简单为宜

"不，这幅画必须要有的东西应该是竹子！"又有朋友反驳道。

朋友们一个接一个地给出了意见。为了取悦朋友，画家接受了所有的意见，并据此修改了自己的作品。

画家修改好他的画以后，又把它拿给朋友看。他们一看到画就纷纷摇着头说："现在这幅画里东西太多，画面太杂乱了！"

画家顿时张口结舌，一句话也说不出来。

他人的意见并非不重要，但我们首先必须清楚自己想要得到什么。休闲也是一样，别忘了，放松和享受才是你真正的目的，千万别盲目地参加一些只会给你带来压力的活动！

令人疲惫的旅行

莎拉喜欢旅行，但不知何故，旅行给她带来的压力往往超过了轻松快乐的感受。为什么呢？每当莎拉计划去度假时，

令人疲惫的度假

她都会提前认真做攻略，上网去了解关于目的地的详细信息，查找最便宜的机票和酒店等。之后，她还会详细安排自己的行程。但是旅途中不确定的因素太多，而莎拉又是个很挑剔的人，所以她一路不断修正自己的旅行安排，直到旅行结束。在整个旅程中，她太紧张了，以至于根本没能享受到旅行本身的乐趣。

对莎拉而言，跟团出游应该是更好的选择，这样她就可以放下计划，只管享受旅行的乐趣。

简化休闲娱乐的小技巧

休闲时光里不应该有压力，这里有一些小技巧可以帮助你在休闲时更好地享受生活。

放松就好

我们不需要通过复杂的消遣来放松。有时候，一些简

第五章 休闲娱乐，简单为宜

单的活动就能给我们带来巨大的快乐。例如，早上去公园散散步，我们在欣赏自然美景的同时，可以呼吸新鲜的空气，让自己充满活力，步伐轻盈。此外，阅读、看电影或玩游戏等简单的室内活动也是很好的放松方式。当然，无论参加什么活动都得适度，我们要清楚，我们之所以参加这些休闲活动，是为了放松与享受，而不是让自己沉迷其中无法自拔。

享受大自然

对于那些想要耗费更多体力的人而言，沿着海滩或在公园里跑步是好方法，这能帮助他们消耗更多的热量。游泳是另一个不错的选择，几乎可以锻炼到身体的每一个部位。

以下是 20 件我们做了就可以让自己放松、享受的事情：

1. 读一本书
2. 看一场电影
3. 锻炼身体（最好能长期坚持）
4. 听音乐

5. 趣味烹饪

6. 钓鱼

7. 摄影

8. 园艺

9. 跳舞

10. 上网

11. 玩游戏

12. 郊游

13. 听一场音乐会

14. 演奏乐器

15. 唱歌

16. 参加文化活动

17. 绘画

18. 做一本剪贴簿

19. 收集物品（手办、卡片、贴纸等）

20. 与朋友见面

园艺活动

当然，这个列表并不详尽，仅供参考。在现实生活中，具体选择做什么，还是取决于你的喜好。

第五章 休闲娱乐，简单为宜

租赁设备或购买二手物品

毫无疑问，一些娱乐活动可能需要我们花些钱，例如，买一辆好的山地自行车可能就要花费几百甚至几千元。除非我们有非常慷慨的父母或者指望钱从树上长出来，否则作为青少年，我们很可能买不起这种自行车。

但是，买不起不代表就不能参加这项活动，现在有许多地方都提供租车服务，我们用很少的钱租一辆自行车，就可以享受沿着海滩骑行的乐趣。同样，溜冰鞋、电子游戏机等，都是可以租到的东西。

另一个选择是购买二手物品。二手物品比全新的便宜很多。当然，买二手物品的前提是我们有能力准确地判断物品的质量，如果买一辆二手自行车只用了很短一段时间就坏了，那就更浪费了。

用二手球拍如何？

结论

请记住,我们在学习或工作之余参加休闲活动是为了放松、享受,如果让自己过于劳累,承受过大的压力,那就得不偿失了。

※ 小贴士:休闲活动的简化建议 ※

* 参加一些能让自己放松、享受的活动;

* 租赁设备或者购买二手物品。

放轻松

第六章

人际关系，用心经营

我们生活在社会群体中，虽然有时候觉得人际关系复杂难处理，但却无法逃避。那么，作为一名学生，我们应该如何建立良好的人际关系呢？在本章中，作者整理出了以下这些可以起到关键作用的小窍门，我们一起去看一看，学一学吧。

- 第一，留出时间用心经营友谊；
- 第二，包容彼此的"不一样"；
- 第三，学会表达自己的欣赏之情；
- 第四，别认为一切理所当然；
- 第五，提高自己的情商；
- 第六，明白舍即是得。

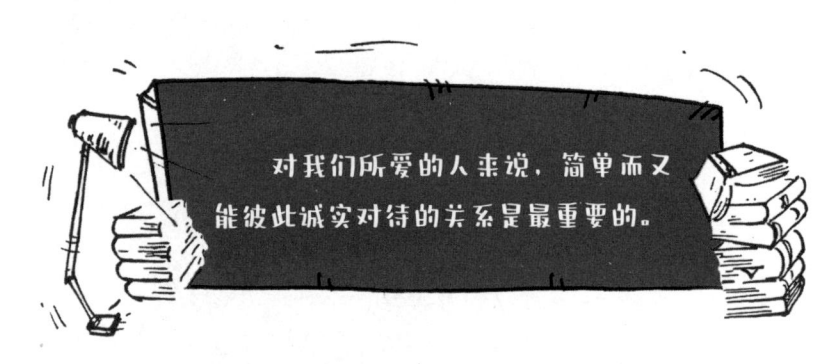

> 对我们所爱的人来说,简单而又能彼此诚实对待的关系是最重要的。

家人和朋友

每每陷入困境需要帮助时,我们会怎么做?我们会向家人或朋友求助。

中国有句古话:"在家靠父母,出门靠朋友。"其大意是,

我需要帮助

第六章 人际关系，用心经营

我们在家里的时候有父母可以依靠，我们出门在外的时候有朋友相互扶助。

这话说得很对，在家里的时候，父母会照顾我们，尽量满足我们的每一个需求；当我们离开家，独自在外时，遇到困难就得求助于我们的朋友。

所以，拥有良好的人际关系对青少年的成长是十分有帮助的。

当我们在功课上遇到问题时，朋友可以为我们提供帮助；当我们感到沮丧，需要对人倾诉时，朋友会在一旁倾听；当我们遇到困难需要建议时，朋友可以随时给我们提供建议。

我们需要朋友，朋友也需要我们。因此，友谊是一种互利共赢的关系。除非你是一个不需要朋友的隐士，否则你就应该好好经营自己与朋友的友谊，建立起一种有利于彼此成长的良性关系。

人们常说，血浓于水。可见，家人是我们生命中最重要的人。有时，家庭成员之间难免发生争吵，不过我们必须永远记住，亲情是我们生命中最珍贵的东西，所以珍惜与家人在一起的时间吧！以下故事，或许能给我们启示。

故事启示录

献给挚爱的鲜花

一个商人决定去度假,放松放松。他已经制订好了计划,去乡间观光,享受美食、美酒。第二天,在出发之前,他打电话告诉母亲自己的计划。母亲很高兴他终于可以休息几天了,希望他能顺路回家一趟,因为她很想念他。商人不想因此破坏旅行计划,便敷衍地回答道,如果时间允许,他会设法去看她。

为了弥补心中的歉疚,商人打算送母亲一束花。他在花店订了一束美丽的康乃馨,付钱时,他看到一个小男孩守在柜台前,一副快哭了的模样。原来男孩想买一束花作

生日礼物

第六章 人际关系，用心经营

为他母亲的生日礼物，可是差 10 美元。商人很同情这个男孩，便给了他 10 美元。

男孩高兴地笑了，感谢商人的慷慨。商人并没有在意这个小插曲，付完钱后继续他的旅程。当他开车驶过墓园时，他又看到了花店里的那个男孩。男孩正跪在一块墓碑前，献上手中的鲜花。

看到商人走过来，男孩微笑着说："我妈妈非常喜欢这些花，她很感谢你！"

听了男孩的这番话，商人笑了。回到车里，商人毫不犹豫地开车回到了花店。

花店老板很惊讶，以为刚才的订单出了什么问题。

"不，什么问题都没有。我只是刚刚决定亲自将花送给我的母亲。"

下面这个是从我的朋友兼导师康拉德那里听到的关于"友谊"的有趣的故事，在这里与大家分享。

螃蟹的故事

五只螃蟹被困在桶里，等待着被端上餐桌。螃蟹们接受了命运的安排，一个个发着呆，什么都懒得去争取。但有一只螃蟹，它下定决心要逃出去。

这只螃蟹使出全身的力气，爬上光滑的桶壁，伸出大钳子去够桶口。终于，在险象环生中，它抓住了桶的边缘，身体晃动着拼命往上攀爬。眼看着它即将逃出生天，改写命运，就在这紧要关头，它感到一股向下的力量，不知是谁拉着它往下拽。回头一看，它吓了一跳，只见另外四只螃蟹正死死地拉着它的腿不放。

被其他螃蟹拖住后腿

"你们在干什么？"它大叫起来。

"既然我们没法离开这里，我们也绝不会让你独自离开的！"其他的螃蟹大喊道。

你有这种朋友吗？当然，并非所有人本性都如此坏。有时候，原本不能和睦相处的人，为了共同完成一项伟大的事业也会走到一起精诚合作，正如下面这个故事所展示的那样。

第六章 人际关系，用心经营

大家都听过龟兔赛跑的故事，故事中的兔子骄傲自满，面对对手时掉以轻心，认为自己睡一觉起来照样能赢得比赛。结果，乌龟追上了兔子，赢得了比赛。

不过，大家不知道的是，其实这个故事并未结束，它仍在继续……

友好的竞赛——龟兔赛跑之2.0版

在输掉比赛之后，兔子非常懊恼，它不甘心，便想约乌龟再赛一场，以证明自己是森林里跑得最快的动物。乌龟同意了。

比赛那天，乌龟和兔子并排站在起跑线上。哨声一响，兔子如离弦的箭一般飞奔而去。乌龟望尘莫及，只能在后头慢腾腾地往前爬。得了上次比赛的教训，兔子决心

再赛一场

不再自满，它铆足了劲儿，在很短的时间内一口气冲到终点。当它跨过终点线的那一刻，乌龟甚至还没爬过5米的标志线。

赢得胜利的兔子高兴极了，它恢复了自信，又变得骄傲起来。

这下轮到乌龟要求再赛一场了。输掉比赛的乌龟邀请兔子再赛一场，不过这次比赛重新拟定了路线，得多跑1000米。兔子不假思索地接受了挑战。

第二天，兔子和乌龟再次站在起跑线上等待比赛开始。哨声刚响，兔子便如离弦的箭一般冲了出去。如上一场比赛那般，兔子收起骄傲自满之心，拼命以最快的速度往前冲。几分钟后，兔子跑到了前两次比赛的终点。它心中窃喜，知道这场比赛的终点已经不远了，就在1000米外，看来，遥遥领先的自己赢定了。于是兔子跑得更起劲儿了，但就在离终点不到100米的地方，兔子傻眼了，不得不停下了脚步——前面有一条河，兔子不会游泳，又跳不过去，没法再前进了。

"试试看，也许我能找到一处水浅的地方，小心地蹚过河去！"兔子这样想着，沿着河岸来回找，最终还是失败了。它垂头丧气地躺在了地上。

第六章 人际关系，用心经营

无计可施

几个小时以后，乌龟终于到了。看到无计可施的兔子，乌龟若无其事地走过它身边，晃晃悠悠下了河，很快就游到了对岸，赢得了比赛。

兔子再次失败了，但它并没有因为失败而气急败坏地约乌龟再赛。兔子受到这场比赛的启发，找到乌龟，想学习乌龟的长处。看到兔子如此真诚，乌龟很感动，便主动提出再次比赛。但这次，它们俩不再是竞争对手，而是同伴——它们决心联手合作，优势互补，与时间来一场竞赛，用更短的时间跑完全程。

第二天，兔子和乌龟又在起点相遇，它们准备去打破之前的比赛纪录。起跑信号一发出，兔子立马扛着乌

合作共赢　　　　　TAC

龟往前冲，气喘吁吁地到达河边后，兔子放下乌龟，接着乌龟跳入河中，驮上兔子，泅水过河。短短的几分钟之后，它们就一起迈过了终点线，取得了胜利！

在共同的目标面前，只要能暂时放下嫌隙，全力以赴，毫无保留地与同伴精诚合作，成功一定指日可待。

骆驼的故事

从前有一个傲慢的驯兽师，他非常有主见，认为自己的想法是最好的，从来不屑于听取别人的建议。有一次，驯兽师想要找个点子吸引更多的人来看马戏表演。他沉思了片刻，看了看四周的动物，突然灵光一现：他决定训练

第六章 人际关系，用心经营

一只骆驼表演倒着走路。

太棒了！如此新奇的表演一定能吸引无数的观众抢着来观看！驯兽师高兴地想着。

驯兽师深信自己找到了发财之道，于是开始严格地训练骆驼，让它倒着走路。马戏团的团长看到这一幕很吃惊，他觉得这样的表演毫无意义，也没有新意——所有的骆驼都会倒着走路，有什么可稀罕的呢？但是驯兽师不理会团长的意见，继续实施着自己的训练方案。

就这样，经过好长一段时间，驯兽师觉得骆驼可以上台表演了。

很快，马戏团贴出海报，宣布将会有一场前所未见的

新奇的表演？

新奇表演登台。于是，人们蜂拥而至，抢着购买这一场令人兴奋的表演的门票。这一刻终于到来了，观众们聚精会神地盯着舞台，等着这场新奇的动物表演开始。

灯光暗了下来，聚光灯打在了一只骆驼的身上。驯兽师站在骆驼旁边，发出命令，训练有素的骆驼开始慢慢地倒退着走起来。见表演非常成功，驯兽师得意地闭上眼睛，等待着雷鸣般的掌声将自己淹没。可是过了好久，没有掌声，只有沉默。他睁开眼睛，只看到一群疑惑不安的观众，他们开始不耐烦起来。

终于有人喊出声："新奇的表演呢？就是这只倒着走路的骆驼吗？这有什么可表演的！哪只骆驼不会倒着走路？！"

驯兽师听罢，呆在了那里，一个字也说不出来。

这个故事是想要告诉大家，"听人劝，吃饱饭"。做人做事不要独断专行，以自己为中心。别人好心给予劝告，你就应该认真聆听，客观判断，有则改之，无则加勉。

管理人际关系的小技巧

良好的人际关系可以帮助我们更好地了解自己。也可

第六章 人际关系，用心经营

以说，如果管理得当，好的人际关系会让我们生活得更加美好。那么，如何建立良好的人际关系呢？接下来我会告诉你们一些有用的小技巧。

给友谊留点时间

你有没有意识到，人际关系形成的过程有这样的特点：最初，人们会尽最大的努力去了解对方；随着时间的推移，关系稳定下来之后，这种维持关系的努力就会减半，甚至减少到四分之一。例如，从定期聚会变成偶尔打电话，最后变成偶尔发短信。

偶尔发条短信

出现这种情况，大多是因为我们认为这段关系已经很稳定了。但是即使如此，我们还是应该留出一些时间来和朋友聚一聚——面对面看到对方的时候，我们的交流、互动会更加丰富，会令彼此感觉更加温暖，这远不是打电话、发短信能代替的。

我们不一样

如同世界上没有完全相同的两个指纹一样，我们也找不到个性完全相同的两个人。每个人都有自己的个性特点，在人际交往中这种特点难免导致争论和冲突。约翰·格雷是一位作家兼人际关系顾问，他在自己的开创性著作《男人来自火星，女人来自金星》中探讨了承认和接受人与人之间差异的重要性，唯有如此，才能让一段关系得以维系。所以，请尊重并接纳彼此的不一样。

被欣赏

我们都希望被别人欣赏，没有谁愿意成为令人恼火、惹人讨厌的人。但实际上，我们总会不经意地让别人心烦

火星与金星

第六章 人际关系，用心经营

意乱。为什么会这样呢？

一个年轻的和尚求教于一位睿智的老和尚："如何说话别人才愿意听？"

短暂的沉默之后，老和尚回答道："蟾蜍和公鸡。"

年轻和尚摸不着头脑，忙问为什么。

"蟾蜍一整夜叫个不停，大家都觉得讨厌。公鸡只在黎明时分叫几声，人们却很感激它通知大家新的一天到来了。现在你明白了吗？"

年轻和尚点点头说："我懂了。在适当的时机说话，就会被欣赏。"

蟾蜍和公鸡

所以，说话在精不在多，并且找准时机很重要。我们可能会在不自觉的情况下唠叨个没完，令人生厌，但我们应该注意尽量避免出现这样的情况。

当然，我们愿意以对方喜欢的方式来和对方交谈，这就意味着我们认可这段关系。这听起来似乎太简单，不够正式，所以我们还可以做一些其他的事情来表达我们对对方的欣赏之情，例如一些体贴的行为：为他买一杯饮料，当他沮丧或生病时表示关心等。有时，正是这些不起眼但温暖的行为打动了对方的心。

收起"理所当然"

当拥有时，我们往往认为这是理所当然的。我们总以为周围的事物将永远存在，生活中的那些人也将永远和我们在一起。

只有失去时我们才会怀念，后悔没有好好珍惜。所以，请珍惜我们现

为失去而后悔

在所拥有的——我们的父母、朋友以及身边所有的人与事！

提高你的情商

丹尼尔·戈尔曼在开创性著作《情商》一书中，谈到了同时拥有智商和情商的重要性。从根本上说，情商就是我们处理人际关系的方法。如果能与人融洽相处，我们就可以避免与他人发生冲突，从而生活得更加愉快。

那么我们该如何利用情商来管理好人际关系呢？

舍就是得。

这听起来很矛盾，对吧？既然舍弃了，又如何能得到呢？但不管你信不信，这确实是有可能的。并且，这也是帮助你维系良好人际关系的关键所在。

如果身边的人渴望赢，十分想占据上风，那么我们退一步又何妨？这并不意味着自己输了，其实在舍弃的同时，我们也成了赢家，收获更多。舍得放弃，从侧面可以表现出我们对自己的状态感到满意和自信，因此我们并不担心失去。

让　座

从另一个角度来说，我们退后或舍弃的行为，创造了一个双赢的局面。举一个常常发生在青少年身上的例子——在公交车上为有需要的人让座，可以把这个简单的行为理解为赢得了别人的感激与赞赏，并不是表面上的失去了座位。

结论

管理好自己与他人的关系，拥有良好的人际关系，我们就能过得更快乐、更有意义。

第六章 人际关系，用心经营

※ 小贴士：管理人际关系的简化建议 ※

*为家人和朋友留一点时间；

*接受"我们不一样"；

*做一个被别人欣赏的人；

*别认为一切理所当然；

*努力提高自己的情商。

良好的人际关系

第七章

掌握窍门，管理财务

当下的学生大多不擅长财务管理，很有必要掌握一些相关的方法和技巧。为此，作者在本章中给出了几点可供我们参考的建议：

- 第一，分清"想要的"和"需要的"；
- 第二，列出购物清单；
- 第三，提前制订购物计划；
- 第四，列出"一个月清单"；
- 第五，专门设定一个支出账户；
- 第六，养成存钱的好习惯。

接下来我们就进入本章，去看看如何做，才能有效地管理财务吧！

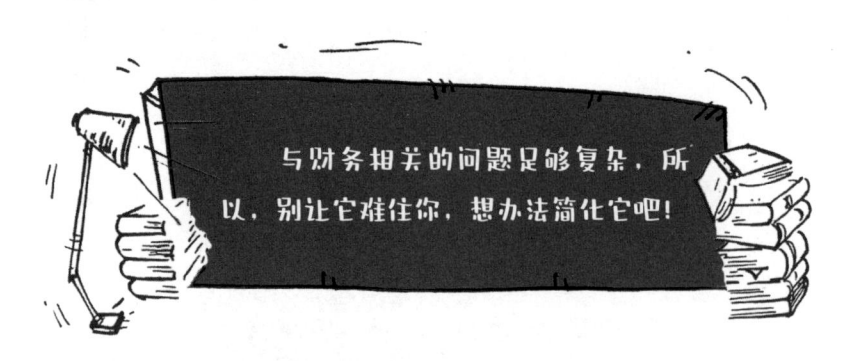

> 与财务相关的问题足够复杂,所以,别让它难住你,想办法简化它吧!

你是含着金汤匙出生的吗?

含着金汤匙出生的幸运儿自然不必担心自己的财务状况,可这样的幸运不是人人都能拥有的。对普通家庭的孩子来说,学会管理财务至关重要。

当然,含着金汤匙出生,也并不意味着可以随心所欲地用钱去做一切自己想做的事情,毕竟,财富可以在一夜之间获得,也可能在一夜之间失去。类似的例子数不胜数,看看世界各地的经济形势就知道了。金融危机来来去去,机遇和财富也同样如此。美国前总统特朗普在经商时期,就因金融风暴损失了大量钱财,又在经济复苏后赚回

金汤匙

第七章 掌握窍门，管理财务

许多；新加坡ONE.99连锁商店的创始人在生意遭受挫折后迅速重整旗鼓，最终成为最受欢迎的企业演讲人和培训师之一。罗伯特·清崎在《富爸爸，穷爸爸》一书中提出，从小学习理财很重要，这样才能在年老后收获劳动的成果。

因此，作为一名学生，除了学习，管理好自己的财务，确保自己的财务状况良好也很重要。

过去如何理财

在银行还未普及的时代，或者我们还没法自主去银行办理业务的时候，大家是如何存钱的？把钱藏在床底下吗？我相信有人就是这样做的，但大多数人会选择把钱放在存钱罐里。

你有没有想过，为什么人们爱把钱放在存钱罐里？过去，人们会把多余的钱放在用黏土制成的廉价罐子里。后来，人们富有创意地将这种容器与胖胖的小猪联系起来，于是，容器就被烧制成了小猪的形状。

存钱罐

牛市和熊市

在当前的经济形势下,人们常常会谈论到牛市和熊市。这些术语与动物园里的动物没有关系,而是用来描述经济状况。简单地说,当市场(股票市场)被认为是牛市时,就意味着市场表现良好;与此相反,如果市场被认为是熊市,那么它的表现就不好。

2008年,美国股市开始经历熊市时,全世界都受到了影响。许多人失去工作,日子过得很艰难。这种令人沮丧的艰难处境,为我们敲响了警钟,提醒我们需要掌握财务管理方面的知识,应该懂得为什么会发生这种事,以及如何保护自己免受波及。

在瞬息万变的世界里,掌握财务知识、学会理财是很有必要的。

牛市和熊市

第七章 掌握窍门，管理财务

故事启示录

败家子与燕子的故事

从前有一个年轻人，他的家人给他留下了一大笔财产，让他可以过上衣食无忧的生活。年轻人在他的朋友中很受欢迎，因为他有钱又十分大方。为了努力维持自己的风光，他花钱越发地大手大脚，很快就把钱花光了。

在一个早春的晴朗日子里，年轻人发现自己身无分文，除了身上穿的衣服，别无他物。可那天早上，他早就约好了与几个朋友见面。为了撑足门面，他绞尽脑汁地想办法筹钱。这时，一只燕子快乐地叫着，飞了过来。年轻人听到燕子叫，以为天气马上会暖和起来，灵光一闪，赶紧跑到市集上，当掉了自己的外套。

几天后，天气变化，倒春寒来临，只穿着一身薄薄单衣的年轻人被冻得瑟瑟发抖，哆嗦着说不出话来，差不多没了半条命。

这个故事是想告诉我们：一燕不成夏。看见一个积极的事件，并不代表一切都好。此外，它还提醒我们不要挥霍无度，要恰当地管理自己的财务，以备不时之需。

管理财务的小技巧

采用一些方法或技巧管理我们的钱财是很明智的。下面是我们可以参考的几点建议。

分清"想要的"和"需要的"

"想要的"和"需要的"之间有区别吗？相信你的答案是肯定的。

"想要的"是我们希望甚至渴望拥有的东西，而"需要的"是我们必须拥有的东西——没有的话，我们的生存可能都会遇到问题。

请思考下面的问题：

一款热门的手游是你想要的，还是需要的？

想要的还是需要的？

第七章 掌握窍门，管理财务

当然是想要的。

试着做下面这个练习：表格中的物品是你想要的还是需要的？请用"√"选出你的答案。

序 号	物 件	想 要	需 要
1	名牌手表		
2	食 物		
3	新手机		
4	家		
5	小汽车		
6	水		
7	iPad		
8	足 球		
9	空 气		
10	香 水		

（答案：想要的有名牌手表、新手机、小汽车、iPad、足球、香水；需要的有食物、家、水、空气。）

买还是不买？

问题：我们什么时候最可能买回不需要的东西，让它们最终成为房间里的杂物？

答案：逛商店的时候！（至少大多数时候是这样的。）

我们原本不打算买任何东西，只是逛逛街，可一旦看到喜欢的东西，即便知道它并没在我们的购买计划里，还是会忍不住买下来。你是否有过类似的经历？其实，不去逛街并不是解决财务支出过大问题的关键。以下章节提供了几个能够监控财务支出的好办法。

冲动消费

列出购物清单

购物之前,先列出一张物品清单,这是一个可以有效控制开销的好方法。通常情况下,支出增加就是冲动购物造成的。冲动购物会让我们买回一些"想要的",而不是"需要的"东西。

因此,提前列出购物清单,严格照单购买,我们就可以有效地抑制购物冲动,减少不必要的开支。

按清单购物

所以，从下一次开始，购物之前请先制订好购物计划，列出购物清单。

列出"一个月清单"

实施方法：我们需要在一张纸上写下自己想要而非需要的东西，并标注日期，然后将它贴在醒目的地方。

实施规则：直到一个月结束，我们不能买列在清单上的任何物品。每当有购买冲动时，我们就提醒自己坚持下去，等到这个月结束后再去买。

一个月清单

通常，我们对于想要的东西都会有一个冲动期，时间一长，冲动消失，我们就会意识到，自己并不是真正需要这些东西。所以，一个月结束的时候，我们就可以直接将清单上的大部分项目画掉了！

开设支出账户

我的一些朋友有一个单独的账户用于消费，每个月，

第七章 掌握窍门，管理财务

他们会固定转入一笔钱。因为金额有限制，所以他们不得不量入为出地使用这笔钱。这是监督和控制支出，养成良好消费习惯的好方法。

当然，我们不是非要像他们那样专门去开一个账户，可以用同样的原理来简单操作，比如把当月要花的钱取出来，或者把这些钱单独放在一个地方。这笔钱必须包括我们的日常固定消费和一些计划外的开支（不必对自己太苛刻），我们可以相对自由地支配这笔钱。如果月底还有节余，那就太好了！这代表着我们有不错的自我管理能力。多余的钱可以存起来，积少成多，以备不时之需。然而，如果在月底前我们就把所有的钱都花光了，那么就需要认真反思自己的消费习惯，想办法去改进。

设立支出账户

养成存钱的好习惯

常言道,世上没有免费的午餐,即使真有免费的东西赠送给你,通常也会有一些附加条件或者需要你去遵守的规则。

而我比较推崇的一个词是"储蓄"。通过储蓄,我们可以拥有足够的钱去买想要的东西。我们存钱,是为了给将来的生活增加一份保障。这并不像大多数人想象的那么简单,我们很容易把父母给的零花钱或兼职挣的辛苦钱都花在自己渴望拥有的东西上,比如最新款的手机或电脑游戏。花自己的钱当然没问题,不过我们也需要意识到,不应该一次性把钱花光,得留点余钱,以备不时之需。虽然绝大多数青少年还没参加工作,但他们有零用钱,在满足基本的生活需求(如交通和食物)之后,也应该为自己存一点备用金。

第七章 掌握窍门，管理财务

记　账

现在市面上能买到各种各样的记账簿，选一款适合自己的很容易，你可以用它来记录你的开支。用电脑、手机来管理你的财务状况也是不错的选择。

不用买，可以借！

有一个合理减少开支的好方法是判断哪些物品是必须自己购买的，哪些物品实际上是可以借用的。

现在有各种平台提供租赁服务，从书籍到摄像机，从游戏到运动器材，甚至是小孩子的玩具，都可以租到。

有了图书馆，我们就有了享受阅读的另一种选择。我们可以很容易地从图书馆免费借到书，但是有时为了看到自己想看的书，可能需要在图书馆

借书

预订，这会让我们支出一小笔钱，不过仍然比买书便宜得多。如果你真的需要买一本指定的书，可以去二手书店买，那儿的书会以更低的价格出售，或者等到各大书店降价促销时再下手。在跳蚤市场或各大拍卖网站上去淘你想要的书也是不错的选择，谁能说得准，万一淘到了呢！

待在家里

待在家里不出门可以为自己省下很多钱，因为不会有旅行或购物方面的开支。

如果没有约会，待在家里就是个好主意，你可以花时间陪陪家人，一起玩游戏，一起看电影，一起做饭吃。你

温暖的家

第七章 掌握窍门，管理财务

也可以给自己留一些私人时间，做些自己喜欢的事情，比如阅读或写作。

结论

简单合理地管理我们的财务很有必要。我们在日常生活中应该养成合理消费的好习惯，正所谓"不积跬步，无以至千里；不积小流，无以成江海"。

养成存钱的好习惯

※ 小贴士：管理财务的有效方法 ※

*界定"想要的"和"需要的"；

*提前制订购买计划；

*列出"一个月清单"并严格执行；

*单独开设一个支出账户；

*养成存钱的好习惯；

*记账；

*少买多借；

*宅在家里。

第八章

简化目标，管好自己

　　能过上什么样的生活，关键在于你如何管理自己。为了助学生们一臂之力，作者在这里给大家提供了一些建议：

- 第一，自信面对，做你自己；
- 第二，留出"自我"时间；
- 第三，避免不堪重负，简化自己的目标。

　　只有管理好了自己，我们才能在忙碌的学习和生活中过得简单、自信、从容。为了实现这一目标，就让我们进入本章，在作者的指导下，掌握更多的小窍门吧！

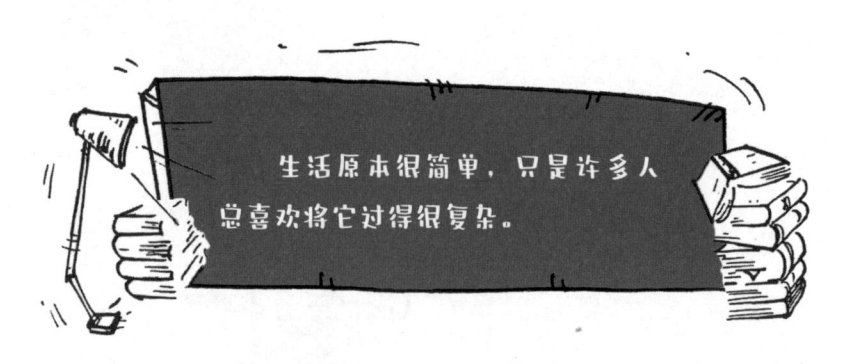

> 生活原本很简单，只是许多人总喜欢将它过得很复杂。

你的人生你做主

想象一下你现在正在照镜子，你看到了什么？你的父母，还是你的朋友？

我希望都不是，你看到的人应该是你自己。

虽然在成长的过程中，你不可避免地会受周围的人和环境的影响，但是，你面对的是你自己的人生，走什么样的道路应该由你自己决定。当然，在觉得迷茫的时候，你可以向家人和朋友寻求帮助。不过请记住，决定权归你。当然，这个决定带来的后果也应该由你自己承担。

做你自己

第八章 简化目标，管好自己

善待自己

很多时候，我们太在意别人的感受，为了让别人满意，甚至不惜违背自己的本心。这样做并不是毫无积极作用，但过头了就会给自己造成严重的伤害。想象一下，如果你为人过于随和，不懂得拒绝，总是把自己的需求放在最后，长此以往将会怎样？你很可能生活得不开心，时刻想要逃离，甚至性格可能越发懦弱。为了做老好人而牺牲自我，这肯定是不明智的。

是时候好好善待自己了！

休息片刻

悦纳自己

看电影时，你会被男女主角吸引吗？我相信绝大多数人都会。许多人都渴望像他们一样英俊潇洒、楚楚动人，但事实上，无论去多少次健身房或美容院，实现这个愿望的可能性都很小。当然，你也可以擦亮阿拉丁神灯召唤精灵来帮你实现愿望。不过很可惜，这只是一个电影桥段而已。

因此，别老想着变成别人，开心地做好自己，为自己所拥有的一切而感恩吧！

哪三个愿望

故事启示录

蚂蚁和苍蝇的故事

一只蚂蚁叼着一大块食物走在回家的路上。它累得气喘吁吁，毕竟，这对它而言是一项艰巨的任务。

突然，蚂蚁听到头顶传来一阵嗡嗡的声音，抬头一看，原来是一只苍蝇。

"这个世界太不公平了！"苍蝇惊叹道。

第八章 简化目标，管好自己

珍惜你拥有的

"为什么这么说？你遇到什么不公平的事情了吗？"蚂蚁关心地问道。

"哦，我倒没什么。不介意的话，我想把你当作一个例子。你看看，我有翅膀，而你没有。我可以飞到自己想去的任何地方，而你只能在地上慢慢爬。饿的时候，我可以飞去找食物，周围美味的食物我能尝个遍。至于你，只能爬着到处去搜罗食物的残渣，好不容易找到了，还得费劲儿地先把它拖回家。所以，我真的为你感到难过，我同情你……"

"你说得没错，"蚂蚁打断了苍蝇的话，"但是你真有那么幸运吗？我们都知道，苍蝇是讨厌的害虫，无论是在人类的餐厅还是牛棚，你都是被驱赶的对象。你过着随时都可能发生意外的生活，我可一点也不羡慕。恐怕，在遇到我之前，你正在逃命吧？哦，对了！最可怜的是，当冬天来临，我待在舒适的家里享受温暖与安逸的时候，你却很可能被冻死。生活对你确实太不公平了！"

说完，蚂蚁继续快乐地拖着食物往家赶。至于苍蝇，它只能张口结舌，无言以对。

这个故事告诉我们：别去嫉妒别人，好好珍惜已拥有的，勤奋学习，努力工作，为独一无二的自己感到骄傲与自豪吧！

知足常乐

在1929年美国华尔街股市大崩盘期间，一个在金融行业工作的人惊慌地跑回家对妻子说："一切都完了！我丢了工作！我失去了一切！"

我失去了一切！

第八章 简化目标，管好自己

他的妻子着急地问道："你失去了一切？！你生病了吗？"

"不，我没生病。"那人答道。

"那么，是我生病了吗？"他的妻子接着问。

"没有……你也没事。"

"那我们的两个孩子呢？"

"他们也很好。"

"好吧，既然我们每个人都还不错，那你到底失去什么了呢？"他的妻子问，"你有一个支持你的妻子和两个既健康又有前途的孩子，你拥有丰富的金融专业知识和善于分析的聪明头脑。至于你失去的钱，就当作我们用来回馈社会了吧！我相信你不仅很快能赚回失去的这笔钱，还会赚得更多。"

听完这些话，那人平静了下来。在妻子的激励下，他收拾残局，重整旗鼓，渐渐又走上事业的巅峰。三年内，他果然挽回了损失，甚至成功地开创了自己的事业。

这个故事告诉我们：不要让外部因素过分左右我们的心态，即便我们在生活中失去了一些东西，但至少我们还拥有自己。要相信，坚定的信念能够产生巨大的力量，推动我们闯过生活中的难关。

寻找内心的安宁

当今世界的快节奏生活可以像海啸一样将我们席卷而去，因此，重要的是，我们要花时间去思考自己的人生目标。想清楚自己想做的事情是什么。一旦我们想明白了这些，并能设法自我满足，我们就能找到内心的安宁。

内心的安宁

故事启示录

和平与安宁

从前有两位伟大的画家，他们是竞争对手。有一次，他们被国王派去作一幅画。国王希望他们各画一幅主题为

第八章 简化目标，管好自己

"和平与安宁"的画，要求他们一个星期内完成。

第一位画家为此感到痛苦，四处寻找灵感，几经波折，好不容易才有了一点眉目。

第二位画家正好相反。他通过积极的自我分析、思考，很快找到了作画的灵感。

时间一到，两位画家就把自己的画呈交给了国王。

第一位画家画的是风景，有小山、山谷和一条平静的河流。它确实描绘了和平与安宁的景象。画家说明了自己是如何从自然环境中获得灵感，以及这幅画能让观者平静下来的原因。国王点了点头，为自己能看到这幅画而感到高兴。

和平与安宁

第二位画家把他的画献给了国王。画上有一道巨大的瀑布，水流湍急，奔涌而下。国王对此感到迷惑不解：这幅画怎么能符合"和平与安宁"的主题呢？

第二位画家听了国王的质疑后，请国王更仔细地看这幅画。

国王仔细一瞧，看到湍急的瀑布旁有一棵树，树上有一个鸟巢，里面有三只睡得很香的鸟。看到这些时，国王露出了会心的微笑——这才是真正的和平与安宁啊！

凭借这幅画，第二位画家轻松地赢得了比赛。

这个故事说明，如果一个人通过对自我或者外界事物的剖析找到了内心的平静，那么无论外部环境多么动荡不安，也不会对他产生太大的影响。所以，从今天起，去寻找自己内心的安宁吧！

自我管理的小技巧

能够获得怎样的人生，关键在于你如何管理自己。为了助你一臂之力，我在这里给你提供一些建议。

第八章 简化目标，管好自己

做你自己

适度延展

"做你自己"这四个字恰如其分地概括了你对自己应该持有的态度。通常情况下，我们被迫要表现得比别人好。天天被人耳提面命："你怎么就不能像你学法律的表哥一样优秀呢？""你为什么就不能追随你姐姐的脚步，成为一名成功的医生呢？"……这是很常见的现象。是的，我们总是肩负着表现良好的压力，有些压力虽然具有积极的作用，但是我们可以承受的毕竟有限。

假如你面前放着一根橡皮筋。如果我们不动它，它就会一直保持原样；然而，如果我们拉扯它，它就会延展变形，如果无止境地拉扯下去，一旦超过极限，它就会断掉。

同样，如果不给自己压力，我们就会像没被拉扯的橡皮筋一样软弱无力；如果时不时地给自己施加一点压力，我们就能被激发出一定的潜力；然而，如果给自己施加的压力过大，就会让身心严重受创。

所以，我们要适度延展，不要被压力压垮。怎样才叫适度呢？就是我们在照镜子时，能够为自己所看到的形象而感到高兴。

"自我"时间

你有没有想过，为什么猫头鹰会被认为是最聪明的动物？也许因为它们是"夜猫子"，整晚都在反省生活中发生的事情，并且在思考如何让自己的生活变得更好。

每天，我们都身陷喧嚣忙碌的生活无法自拔。我们中的大多数人都被迫卷入与他人的竞争中，并不得不让自己努力做到最好。我们有多少时间可以留给自己好好地思考和反

聪明的猫头鹰

第八章 简化目标，管好自己

"自我"时间

省？我们是否问过自己，为什么要做手中的这些事情？

这些问题的答案可能并不是三言两语就能概括到位的。但是没关系，只要给自己留出一定的时间——我称之为"自我"时间——就好。这段时间你可以用来做任何你想做的事情，只关注自己是否开心，不用理会别人的感受。

简化你的目标

我们中的很多人都很有野心，会一次设定多个目标。虽然一些人可以实现自己设定的所有目标，但如果目标太多的话，大多数人都会觉得不堪重负。

史蒂文就是这样。他的日程表总是排得满满的，他为

目标过多

自己制订了许多目标，有些目标甚至是不切实际的。他的待办事项清单上列了上百件事，并且还在不断地增加！史蒂文高估了自己的能力，他根本无力应对不断增加的任务——这就是他至今也没能取得多少成就的原因。

我当然希望你没有陷入这种困境。对史蒂文来说，简单的解决办法是减少目标的数量，保留一个就好。如果你面临同样的问题，你也可以这样做，把所有的精力集中在实现这一个目标上。这不仅会让你感到压力更小，获得成功的概率也会更高。一旦实现了这个目标，你就会有信心为自己设定下一个目标，继续前进。这是简单但非常有效的策略。

第八章 简化目标，管好自己

结论

每个人都应该在忙碌的生活中留出自我审视的时间，认真想想自己是谁，并找到让自己的生活更简单、更快乐的方法。

你是谁？

※ 小贴士：自我管理的有效方法 ※

＊做你自己；

＊拥有"自我"时间；

＊简化你的目标。

后记

实际上，让事情变得复杂是一个简单的任务，而让事情变得简单却是一个复杂的任务。

恭喜你读完了这本书！

我希望阅读了这本书之后，你能明白保持事物简单化的重要性，并能找到简单生活的意义和乐趣。正如导读中提到的，简单并不意味着一切都很容易，它是不同于轻松、困难的独立的概念。我们只需要懂得，简化以及更好地管理生活，是为了让我们过上更有意义、目的更明确的生活。

在结束本书之前，请看一则有趣的故事吧。

鹤与大鱼

有一天，一只鹤掠过湖面，看到湖里有数量惊人的大大小小的鱼儿。它兴奋地贴着湖面仔细看了看。形形色色的鱼聚在一起，仿佛给鹤搭建了一个美好的天堂。尽管饿

饥饿的鹤

极了,可它还是决定等一等,它想等来湖里最大的鱼,然后一击即中。鹤冥冥中感应到,有一条非常大的鱼就潜伏在湖里的某个地方。它觉得只要能抓住大鱼,朋友们就会认为它是个英雄!因此,它耐心地等待着,决心要等到这条大鱼露面。

可惜,直到夜幕降临,肚子咕咕叫了半天的鹤还是没能等到大鱼。它觉得太饿了,决心吃几条小鱼来填饱肚子,于是它环视四周寻找目标,可遗憾的是,它什么也看不见,因为天全黑了。

这只可怜的鹤,不得不在饥饿中过夜了。

但愿你们吸取这只鹤的教训,做个好好珍惜眼前,尽情享受生活的人!

祝你们成功!

参考书目

Adubato, Steve. 2002. *Speak from the Heart: Be Yourself and Get Results*. Free Press: United States of America.
Aisbett, Bev. 1995. *Letting It Go*. HarperCollins Publishers: Australia.
Bartko, George. 2004. Balance 20/20. *Red Wheel/Weiser*: United States of America.
Burkan, Tolly. 2005. *Let It Be Easy*. Council Oak Books: United States of America.
Burnell, Ivan. 1998. *The Power of Positive Doing*. Goodwill Publishing House: India.
Carnegie, Dale. 1981. *How to Win Friends & Influence People*. Pocket Books: United States of America.
Davidson, Jeff. 2005. *Reinventing Yourself*. Advantage Quest Publications: Malaysia.
Farber, Barry. 2004. *20 Gems of Wisdom for Success*. Advantage Quest Publications: Malaysia.
Field, Lynda. 2003. *Be Yourself*. Vermilion: United Kingdom.
Frank, Steven. 2004. *Study Secrets*. Advantage Quest Publications: Malaysia.
Grant, Wendy. 1997. *How to Resolve Conflicts*. Collins & Brown: United States of America.
Gray, John. 1993. *Men are from Mars, Women are from Venus*. HarperCollins: United States of America.

Joyner, Mark. 2007. *Simpleology: The Simple Science of Getting What You Want.* John Wiley & Sons, Inc: United States of America.

Karlitz, Gail & Honig, Debbie. 1999. *Growing Money.* Price Stern Sloan: United States of America.

Kiyosaki, Robert T. & Lechter, Sharon L. 1998. *Rich Dad, Poor Dad: What the Rich Teach Their Kids About Money That the Poor and Middle Class Don't.* TechPress: United States of America.

Kustenmacher, Tiki. 2004. *How to Simplify Your Life.* McGraw-Hill: United States of America.

Martin, Curly. 2008. *The Personal Success Handbook.* Crown House Publishing Limited: United Kingdom.

Matthews, Andrew. 1990. *Making Friends.* Media Masters Pte Ltd: Singapore.

Quilliam, Susan. 2003. *Positive Thinking.* Dorling Kindersley: United Kingdom.

Rao, Srikumar. 2007. *Are You Ready to Succeed?* Ebury Publishing: United States of America.

索 引

（据英文所在页码排序，出现过的单词或短语不再重复列出）

页码	英文	文中释义
010	TEST	测试
	PROJECT	项目
	HOMEWORK	家庭作业
012	BRIGHT FUTURE?	前途光明吗？
015	STUDY HARD or SMART	努力学习还是聪明学习
016	PHD	博士学位
017	YES!	太棒了！
021	NOTES	笔记
027	PROGRESS REPORT	进度报告
028	SUCCESS	成功
	MISTAKES	错误
029	SUMMARY	总结，摘要
038	WARE HOUSE	仓库
039	HOME?	家？
	HOTEL?	旅馆？
040	LAZY	懒惰的
041	DO NOT DISTURB!	别打扰我！
042	EEK!	呀（表示惊慌、害怕或惊讶）！
	BOO!	嘘（表示不满或轻蔑）！
045	ATTRACTION	吸引力
048	KEEP	保留
	DON'T KEEP	不保留
	HMM...	嗯……（表示不确定）
052	ORGANIZE?	整理一下？
053	ITEMS	项目
057	TIME MACHINE	时光机
062	TO DO LIST	任务清单
063	HABIT	习惯
	SCRATCH	搔痒
065	I MUST DO IT!	我一定要做到！
068	LIFE	人生

页码	英文	文中释义
072	MINUTE	分钟（此处代指时间）
074	BREAKFAST	早餐
	MILK	牛奶
	CEREALS	麦片
	DINNER	晚餐
075	DIET	日常饮食
081	BODY	身体
	MIND	心灵，思想
084	WOW!	哇！
088	AIR TICKET	机票
092	RELAX	放轻松
094	HELP!	救命！
096	RIP	（墓碑用语）愿他们安息吧！
099	GO!	出发！
105	BEEP!	嘟嘟！
109	IQ	智商
	EQ	情商
118	WANT?	想要的？
	NEED?	需要的？
120	SALE	出售，打折处理
121	LIST	清单
122	1 month LIST	一个月清单
123	SPENDING ACCOUNT	支出账户
126	PUPPY	小狗
127	Save	存钱
134	STOCKS	股票
136	PEACE	安宁
140	WHY CAN'T I SLEEP?	为什么我不能睡？
141	ME	我
142	TARGET	目标
	GOAL	目标
	AIM	目标
	MUST GET	必须实现
143	WHO ARE YOU?	你是谁？

151

致　谢

我要感谢以下各位，是你们给我的生活带来重要影响，帮助我克服在创作本书的过程中遇到的困难。排名不分先后：

我至爱的妻子 Pauline（宝琳）。

我甜蜜可人的女儿 RaeAnne（瑞安）。

我亲爱的父母。

我所有的老师和导师，尤其是 Ho Chee Lick（何志立）教授、Paulin Straughan（波林·斯特劳恩）教授、Kay Moulmein（凯·莫梅恩）教授和 Linda Thompson（琳达·汤普森）教授。

我在新加坡义安小学、德明政府中学、维多利亚初级学院、新加坡国立大学与南洋理工大学上学时期的朋友们和伙伴们。

维多利亚初级学院的朋友们及同事们。

维多利亚初级学院前任及现任校长：Lee Phui Mun（李佩文）夫人、Chan Khah Gek（陈嘉庚）夫人、Chan

Poh Meng（陈德孟）先生以及副校长Fong Yeow Wah（方耀华）先生和Audrey Chen（陈慧文）女士。

还有一群特殊的人：Adam Khoo（邱缘安）、Stuart Tan（斯图亚特·谭）、Conrad Alvin Lim（康拉德·艾文·林）、Gary Lee（李智辉）、Merry（梅丽）、Alva（艾娃）、Rita Emmett（丽塔·艾米特）、Khoo Siew Chiow（邱瑞昭）、Elim Chew（周士锦）、Johnson Lee（李思捷）。

还要感谢我过去和现在的学生们，希望你们为了获得更大的成功继续奋斗。特别是我2009届A13、S30、S47、S62班的学生们：把握现在，未来可期！

最后的但并非不重要的，还有那些以不同的方式影响了我的生活的人。

你们存在于我心灵的某个地方，我将永志不忘。